Gestión de inventarios

Métodos cuantitativos

Gestión de inventarios
Métodos cuantitativos

Marco Espejo González

Colección: BIBLIOTECA DE LOGÍSTICA
Director: David Soler

GESTIÓN DE INVENTARIOS. MÉTODOS CUANTITATIVOS
2.ª edición, 2022
1.ª edición, 2017, Universidad San Ignacio de Loyola (Perú), ISBN 978-612-4370-03-8

© 2022, Marco Espejo González
© de esta edición, incluido el diseño de la cubierta, ICG Marge, SL

Edita: Marge Books
Brutau, 160 - 08203 Sabadell (Barcelona)
Tel. 931 429 486 – marge@margebooks.com
www.margebooks.com

Edición: Núria Gibert
Colaboración editorial: Sergi Flamarique
Compaginación: Mercedes Lara
Impresión: Safekat, SL (Madrid)

ISBN edición impresa: 978-84-19109-16-3
ISBN edición digital: 978-84-19109-17-0
Depósito Legal: B 8962-2022

 El papel empleado en este libro no ha sido blanqueado con cloro elemental (CI_2).

A mis dos chicas: mi pequeña Camila y Lourdes, juntas son mis compañeras de vida y mi historia; a mi madre Carmen, hermanas Corina e Ivonne y a mi hermano Alejandro, quienes me enseñan que se puede ser mejor persona mediante la unión y el amor.

A mis tres amigos de las letras, Rosa María, Andrés y Martín, quienes me dieron un espacio para poder ensimismarme en este oficio; a mis colegas, profesores y alumnos, quienes confiaron en el pasar de los años brindándome oportunidades de aprender con ellos.

Índice

El autor 13

Prólogo 15

Introducción 19

Capítulo 1. Cadena de suministros 25

  Objetivos y características 37

  Integración de la cadena de suministros 46

  Logística inversa y trazabilidad 48

  Distorsión en la cadena de suministros 54

  Six Sigma y los materiales 58

  Logística de última milla 62

  Estrategias en la cadena de suministros 66

  Decisiones de inventarios 67

Análisis de casos del capítulo 1 68

  Caso 1.1 Sector de electrodomésticos de gama blanca:

           nuevo mercado 68

  Caso 1.2 De la tienda física a la virtual 69

  Caso 1.3 Sector de las tiendas de conveniencia:

           rotura de inventario 72

Cuestionario de autoevaluación 74

Capítulo 2. Pronóstico de demanda 75
    Etapas y participantes del proceso de pronóstico 81
    Consecuencias de la elasticidad de la demanda 86
    Métodos cuantitativos de pronóstico 87
    Error de pronóstico 112
    Error de pronóstico por método 118
Análisis de casos del capítulo 2 121
    Caso 2.1 Sector de la automoción 121
Cuestionario de autoevaluación 128

Capítulo 3. Programación de inventarios 131
    Justificaciones para mantener inventario 135
    Ubicación del inventario 135
    Índices de rotación 136
    Categorización de inventarios: clasificación ABC 143
    Inventario crítico 147
    Inventario por subcategorías 148
    Roturas de inventario 151
    Picos de demanda 154
    Niveles de inventario 159
    Metodologías de reposición 171
    Lote económico de compra 176
    Costo de almacenamiento 177
    Inventario cero 182
    Matriz de segmentación 184
    Inventario gestionado por la empresa proveedora 185
    Aplazamiento 188
    Planificación participativa, pronóstico y reabastecimiento . . . 189
    Análisis de valor 190
    Herramientas de control de inventario 191
    Indicadores en la gestión de inventarios 195
    Informe de control de inventarios 210

Análisis de casos del capítulo 3 212

    Caso 3.1 Sector de la alimentación 212

    Caso 3.2 Sector de la automoción 214

    Caso 3.3 Sector de la agroalimentación 219

Cuestionario de autoevaluación 221

Glosario de términos 225

Bibliografía 229

Soluciones a los cuestionarios 231

El autor

**Marco Espejo González** es administrador de empresas por la Universidad de San Martín de Porres (Perú), con posgrados en Gestión de la Cadena de Suministros por la misma universidad, Centrum Católica y ESAN, Magister en Educación Superior. Investigador y columnista logístico en revistas especializadas en la materia de México, Chile, Perú y Argentina, colabora también para los diarios *La Nación* de Argentina y *Gestión* de Perú. Ha impartido conferencias en Lo Mejor de la Logística III 2011 - Universidad de Lima, Expo Logística Panamá 2012 y 2017, Logistic Summit & Expo México 2013, Expo Logísti-k Argentina 2018 y Logística para el *e-commerce* Argentina 2019. Con una experiencia de 17 años en áreas de operaciones, gestión de demanda, inventarios y abastecimiento, participa como consultor en más de 25 proyectos de diversos países, entre los que se incluyen México y Panamá, así como en empresas de consumo masivo y minoristas. En el ámbito académico, es docente en materias de cadena de suministros y gestión de inventarios en programas de posgrado.

Consultas, aportaciones y sugerencias a:
marco.espejo@usil.pe

Prólogo

Es particularmente satisfactorio para mí prologar el presente libro. Considero, además, un honor para alguien que trabaja, enseña e investiga sobre la cadena de suministro, participar también en la segunda edición de esta obra, cuyo mayor mérito es que el argumento central se refiera a aspectos cuantitativos, de los que no se dispone de muchas publicaciones.

La labor de inventariar ha crecido gradualmente en importancia. Las situaciones de desequilibrio en la economía hacen de la gestión de inventarios una tarea clave, dado que el capital de trabajo se convierte en una variable compleja en la gestión de las empresas. A pesar de esa complejidad, el estudio técnico de la gestión de inventarios no ha tenido el progreso que una variable de esta importancia amerita.

Muchas organizaciones incorporan herramientas de gestión –al alcance de un número cada vez más creciente de empresas–, de las que es necesario contar con el conocimiento técnico apropiado; con ello, el reto es avanzar en la tecnificación de la gestión de inventarios para que esta área profesional sea una ventaja competitiva de las compañías.

Si bien sabemos que el futuro es incierto, anticiparse a la demanda es posible si se dispone de la información relevante, el conocimiento apropiado y la herramienta tecnológica pertinente. Esto es clave para desarrollar una buena gestión. Si se subestima este punto, de nada sirve construir indicadores de rendimiento sobre una base que no es real. Por ello, es crucial estudiar métodos para pronosticar de la mejor manera la demanda esperada. Las estimaciones deben hacerse con bases cualitativas y cuantitativas. La base cualitativa va a depender del conocimiento de la actividad empresarial y de lo que podemos agrupar y denominar como el «pronóstico de todos los aspectos que puedan afectar al mercado». Este conocimiento ha progresado paulatinamente, pero lo que sí ha avanzado de forma extraordinaria y sostenida es la base cuantitativa. Poder usar la herramienta cuantitativa se vuelve entonces decisivo para estimar la demanda a la que las empresas se van a enfrentar en el futuro.

El establecimiento de parámetros de gestión para el manejo de inventarios, tratado en profundidad en el libro, es clave para buscar una ventaja competitiva sostenible. En estos nuevos tiempos de productividad y eficiencia, el reto de mejorar los costos derivados de un mejor manejo de los recursos de las empresas es vital. El capital de trabajo es un recurso determinante, por lo que cómo conciliar la necesidad de contar con él junto con una cobertura suficiente para atender a la clientela, es crucial y puede ser la diferencia entre el éxito y la ruina. Textos como el de Marco Espejo nos ayudan a tener el conocimiento para buscar ese equilibrio. Su experiencia en la toma de decisiones en la que estén involucrados los inventarios es una importante aportación para la comunidad logística internacional.

Enrique Alania
Gerente de logística
Compañía Minera Antamina

Gestión de inventarios
Métodos cuantitativos

Introducción

Este texto recopilatorio ve la luz para reflejar los resultados de años de investigaciones en la mejora de la gestión de inventarios a partir de las experiencias adquiridas en mi etapa de consultoría. No solo se busca cubrir conceptos, sino también desarrollar explicaciones que despierten y, sobre todo, fomenten en el público lector la intuición, la observación y el cuestionamiento tanto de herramientas como de estrategias: métodos fáciles de entender pero, al mismo tiempo, consistentes para identificar los patrones de comportamiento de los artículos que toda empresa almacena y que permitan resolver los principales problemas a los que se enfrentan las empresas; en definitiva, para dar respuesta a los objetivos principales de la administración del inventario.

La estructura y la secuencia de cada capítulo facilitan comprender de manera ágil y didáctica, a través de casos, cuestionarios y ejercicios sencillos, la importancia del área logística en las empresas y cómo esta trasciende en espacio y tiempo el desarrollo del concepto de la cadena de suministros.

La obra hace hincapié en la descripción y en cada detalle de la interpretación de los métodos cuantitativos que nos sirven de referencia para construir una propuesta que satisfaga la administración efectiva del inventario, modificando e incluyendo variables que han pasado desapercibidas en otras investigaciones y proponiendo modelos flexibles que sirvan de herramientas para diversos sectores económicos.

En el primer capítulo se establece el grado de relación y de significancia que tienen algunos conceptos, tales como logística inversa, trazabilidad y el efecto látigo, en la decisión de involucrar recursos en los inventarios. Del mismo modo, se cuestionan estrategias que comienzan a tomar importancia a partir de la necesidad por mantener bajas coberturas de inventario en artículos de alta rotación y esenciales en la operación, lo que puede representar un camino erróneo al no tomar en consideración que existen puntos de interpretación tan divergentes sobre los resultados esperados, exponiendo al riesgo y la incertidumbre en las decisiones propias de la administración del inventario –como decidir si es conveniente o no centralizar el almacenamiento– y haciéndose hincapié en las diferencias que se presentan entre el riesgo y la incertidumbre y, en especial, en la planificación de los materiales.

Se establece el concepto de cadena de suministros con argumentos suficientes para diferenciarlo de logística. Asimismo, se identifica la estructura a través del canal proveedor y comercializador, con la inclusión de la administración pública y las normativas gubernamentales como eslabón regulatorio. Finalmente, en el marco práctico de la cadena, se define cómo las estrategias de integración vertical y horizontal responden al crecimiento del mercado definiendo como objetivo principal la innovación del producto y mercado para establecer fuentes de crecimiento sostenido.

Con el transcurrir del tiempo, desde que se estableció el concepto de cadena de suministros han entrado en cuestionamiento decisiones en los inventarios para definir cuándo es conveniente fabricarlos por cuenta propia, mantenerlos almacenados o definir si existe un equilibrio que determine el beneficio de la tercerización. En este capítulo inicial se desprenden algunas razones que permiten dimensionar la importancia de estas alternativas y cuáles podrían adaptarse en nuestra cadena de suministro.

Asimismo, se aborda el crecimiento forzado que ha tenido el comercio electrónico a consecuencia de la pandemia de la covid-19, para entender los efectos sobre la demanda de las operaciones de este canal de venta, en

diversos sectores tanto privados como públicos, que ponen en cuestionamiento la importancia de gestionar los inventarios.

En el segundo capítulo del libro se abordan de manera didáctica las
herramientas matemáticas que forman parte de los métodos de pronóstico
para artículos con demanda probabilística. Se revisa cada detalle que incide
en la elección del método más apropiado al descomponer la demanda de
los artículos según la etapa del ciclo de vida en la cual se encuentren, y se
incorpora también el concepto de elasticidad de la demanda, que mejorará
el análisis de elección de datos y de resultados. A pesar de que los pronósticos nos acercan a la demanda de los próximos períodos, estos siempre
estarán expuestos al error, que se mide a través del sesgo, la desviación
estándar, la desviación media absoluta y la señal de rastreo; así, para la
asignación del nivel ideal de inventario de seguridad, estas herramientas
deben ser entendidas a partir de las probabilidades aritméticas. A su vez,
hay que tomarlas en consideración también respecto a la cantidad de datos
y a las implicancias de cada método, ya que todo ello nos permitirá tomar
acciones correctivas y preventivas para anticiparnos al margen de error.

Para que los métodos de pronóstico sean entendidos e interpretados
de manera sencilla, he optado por trabajar con la misma fuente de datos
para cada uno de ellos, definiendo las diferencias y cómo estas se pueden
acortar mediante las decisiones de elección de datos y variables de cálculo.

El tercer y último capítulo nos ayuda a entender de manera sencilla la
necesidad de trabajar con herramientas preventivas de niveles de inventario, partiendo por categorizar los materiales con el uso de herramientas tan
esenciales como el ABC y los índices de rotación bajo tres enfoques (contable, comercial y logístico) que, pese a ser tan distintos, se complementan.
A través de un análisis exhaustivo lograremos comprender que los riesgos
de excedentes y roturas de existencias pueden anticiparse gracias al diálogo
constante tanto con nuestra clientela como con las empresas proveedoras.

También comprenderemos cómo la gestión del inventario se sostiene
en el dimensionamiento del costo de almacenamiento. Aun cuando este
resulta de gran necesidad, encontramos diversas metodologías con bases

teóricas tan asimétricas que terminan por confundir. Por eso, mediante la interpretación de variables construiremos el método que mejor nos permita establecer la relación entre el tiempo, el costo unitario y el espacio utilizado, dejando de lado las que podrían considerarse como costos operativos, mientras que la confiabilidad de los inventarios se logrará como resultado de un trabajo exhaustivo de conteos cíclicos; y aunque estos solo identifiquen las diferencias, favorecerán los procesos posteriores de mejora continua y, sobre todo, el resultado del inventario general.

Se pone en cuestionamiento si el nivel de servicio debe ser siempre al 100 %, cuán conveniente y rentable puede resultar, o si lo adecuado es establecer barreras de control y tomar acciones diferenciadas. Asimismo, se categorizan los artículos por clústeres y se proponen acciones específicas para cada una de estas categorías que permitan, en la práctica, administrar eficientemente los recursos que se involucran en el abastecimiento.

Nos referiremos al indicador de cobertura mediante controles a partir de parámetros que complementen los niveles de inventario –los cuales nos sirven de alertas para reducir los desbalances ocasionados por desconocimiento del momento y la cantidad necesaria a reponer para la continuidad de la operación– y utilizando métodos estadísticos y otros de menor complejidad.

Con estas herramientas y el análisis de los artículos, se define la importancia que estos tienen para la empresa: se segmenta su clasificación y se toman acciones preventivas y estrechas con las empresas proveedoras para asegurar el abastecimiento. También debemos abrir nuestra perspectiva y comenzar a incluir en la gestión prácticas colaborativas de administración de inventarios, construyendo el concepto y el momento de aplicación del *vendor managed inventory* (VMI), de la planificación participativa, pronóstico y reabastecimiento o CPFR y del *postponement,* que se analizan también en el libro.

Cada herramienta y estrategia desarrollada en los tres capítulos convergen en un informe de control de inventarios muy útil y, a la vez, fácil de implementar en cualquier sistema de gestión de almacenes u hoja de cálculo. Este informe sirve para anticipar –mediante indicadores y alertas de niveles de inventario– las variaciones y posibles problemas inmediatos y, a futuro, de disponibilidad. Podría entenderse también como fuente de información desagregada para alcanzar el equilibrio esperado entre el flujo económico y el operativo.

Por último, a modo de guía conceptual, se presenta un glosario de términos que permite –de manera ágil, simple y rápida– recordar los principales temas desarrollados, para reforzar lo aprendido en cada capítulo.

Este libro ha sido pensado y elaborado para un público tanto profesional como académico, apropiado para estudiantes de posgrado en logística y administración de empresas que requieran desarrollar habilidades a través de métodos cuantitativos para la toma de decisiones en la que estén involucrados los inventarios.

Gestión de inventarios. Métodos cuantitativos recopila y extiende conceptos que he desarrollado en diversos artículos publicados en los últimos años en revistas especializadas en la materia, en publicaciones de las principales asociaciones logísticas de Sudamérica, en suplementos de economía y negocios de diarios de Argentina y Perú, así como en conferencias dictadas en Argentina, México, Panamá y Perú. Todo ello ha servido como material de referencia para otros autores en la elaboración de tesis académicas y publicaciones, algunos de los cuales se mantienen en el contexto en que fueron elaborados, preservando así su vigencia en un entorno de cambios económicos, tecnológicos y cognitivos. Esta obra recoge los resultados de años de investigaciones en la mejora de la gestión de inventarios.

Capítulo 1

Cadena de suministros

La definición y el ámbito de la estrategia en la cadena de suministros están en constante revisión, pero siempre mantienen la capacidad de respuesta como común denominador.

Objetivos de aprendizaje

Este capítulo te permitirá:

☑ Entender la diferencia entre logística y cadena de suministros.

☑ Poner en práctica las estrategias y características de una cadena de suministros.

☑ Desarrollar políticas de inventario de acuerdo con la estructura de la cadena.

☑ Dimensionar los efectos de no intercambiar información entre los participantes de la cadena.

Si bien la logística forma parte de la actividad empresarial, sus orígenes han estado siempre asociados a cambios conductuales y cognitivos de las personas, siendo quizás una actividad primaria, rutinaria e inherente a cada uno de nosotros, aunque durante mucho tiempo pasó desapercibida y sin atribuirle la importancia que realmente tiene.

Estamos rodeados de actividades logísticas circunscritas que confluyen para que la ciudadanía pueda atender necesidades básicas, con la disponibilidad de servicios como agua y luz, transporte público, salud y educación. También se incluyen en esta larga lista los artículos de primera necesidad, es decir, todo aquel objeto a nuestro alrededor que para ser elaborado y estar disponible en una tienda física o virtual requirió logística. Estas actividades también forman parte de los principales acontecimientos sociales, políticos, económicos, tecnológicos –y hasta deportivos– de la historia. Detrás de cada uno de ellos está el personal que cumplió con la labor logística de planificar los recursos para atender la demanda.

Desde el Paleolítico, los primeros seres humanos, para subsistir a sistemas informales de vida, se vieron en la necesidad de realizar y asignar, según sus jerarquías, tareas de caza, recolección y almacenamiento de alimentos. En el siguiente período de la historia, el Neolítico, aparecen los primeros asentamientos sedentarios humanos, se desarrolla el transporte gracias a la domesticación de animales de carga, con el consiguiente crecimiento poblacional y expansión territorial.

En la Edad Antigua comienzan a materializarse los primeros esfuerzos para el desarrollo del transporte; aparece la rueda y la navegación en altamar, con el devenir del tiempo estas embarcaciones comenzaron a establecer el mapa político y comercial de los territorios, y constituyen los pilares de la expansión y aparición de nuevas sociedades, civilizaciones como la maya, la caral y la egipcia, así como los imperios persa, griego y romano, cada uno de ellos con obras de infraestructura respaldadas por el uso y la planificación de los recursos de materiales y transporte.

La logística conserva, en esencia, el desarrollo de actividades que favorecen el manejo de los materiales que toda empresa requiere para la continuidad de sus operaciones, haciendo hincapié en las compras, almacenes y transporte. A partir de estas tres actividades se establecen diversos conceptos y objetivos que tienen como base común los inventarios; se diseñan tareas un tanto individuales en la planificación, administración y atención de los requerimientos de la clientela, tareas que forman parte de un ciclo de actividades dinámicas que interactúan directamente con las áreas operativas de la empresa y, en menor grado, con las áreas de apoyo.

Este concepto se expande al integrar actividades principales de las empresas proveedoras y la clientela, relacionadas con el movimiento de los artículos a lo largo de una red de suministros, empleando plataformas físicas y virtuales, con pocos o diversos participantes, que se complementan con actividades de apoyo en el soporte técnico y comercial para la compra y venta de artículos. Estas actividades se desarrollan con el objetivo de maximizar el avance teórico y práctico de estrategias para asegurar la disponibilidad del inventario en cada eslabón de una red colaborativa entendida como *cadena de suministros*.

La conformación de estas redes dinámicas y lineales de comercio propicia el desarrollo económico y social de los países –especialmente, de los emergentes–, abren mercados que tan solo recurrían a fuentes de abastecimiento local o a atender la demanda del mercado interno como consecuencia de operar ensimismados en territorios con conflictos sociales, con déficit en infraestructura portuaria y con una reglamentación proteccionista para el comercio exterior.

La globalización como proceso constante ha despertado en las personas necesidades que permanecieron ocultas durante mucho tiempo, con lo cual se ha optado por nuevas oportunidades que permitan mejorar la calidad de vida al contar con una oferta distinta y ecuánime de productos, desplazando la ubicación geográfica de los mercados productores y estableciendo progresivamente sectores especializados en la elaboración de artículos. Es así que el continente asiático es reconocido por su eficiencia en la fabricación de electrodomésticos, desafiando constantemente el potencial teórico de intercambio y anticipación de información para asegurar la disponibilidad de inventario mediante planes de abastecimiento y de producción que favorezcan el diseño de estrategias para la negociación.

La operación de la cadena de suministros se expresa en términos de tiempo y lugar, variables que serán reconocidas por la clientela en cuanto los materiales y servicios estén conformes cuando y donde se requiera. El intercambio constante de información implica la colaboración activa de los participantes de la cadena, al perfilar en ellos la capacidad de respuesta para la atención de los pedidos, sostener en el tiempo esa capacidad de abastecimiento y suscitar argumentos teóricos y operativos para afrontar los efectos comerciales, económicos y operativos inherentes a cada sector.

Poner en práctica este concepto de comercio extendido depende de la interacción de sus participantes. El intercambio de información trae beneficios en la reducción de los tiempos de atención: no es lo mismo hacer un pedido a la empresa proveedora «para ayer» que anticiparle un plan de abastecimiento de medio plazo. En cuanto se reduzcan estos tiempos de entrega, el efecto sobre el inventario mínimo será positivo y, a pesar de favorecer el flujo de materiales y los vínculos comerciales, en ciertos sectores resulta inviable generar estos nexos operativos, que están supeditados a la formalidad de sus participantes y al grado de compromiso hacia los objetivos compartidos. Ocurre con frecuencia que hay sectores, como la pesca, la ganadería o la agricultura, por ejemplo, en los que existen reticencias a lograr acuerdos de precios y cantidades para el abastecimiento. Los acuerdos se establecen en el momento, con quien esté dispuesto a pagar más y en efectivo.

Las empresas que integran una cadena de suministros, por lo general, intercambian información para anticiparse a las variaciones que puedan presentarse tanto en la demanda como en el abastecimiento. Estos integrantes tienen como objetivo en común disponer del inventario necesario para que su clientela pueda encontrar lo que está buscando en las distintas plataformas de venta, principalmente en las tiendas físicas y virtuales.

Como clientela, somos el punto de partida de las cadenas de suministros. Para entender este concepto, en la figura 1.1 se esquematizan las etapas y eslabones que intervienen cuando acudimos a un supermercado.

Para encontrar el producto en la góndola del supermercado fue necesario realizar un trabajo previo de planificación de la necesidad, almacenamiento y despacho tanto del supermercado como de la empresa fabricante y este a su vez con sus proveedoras, las cuales proveen a la cadena con materias primas y suministros.

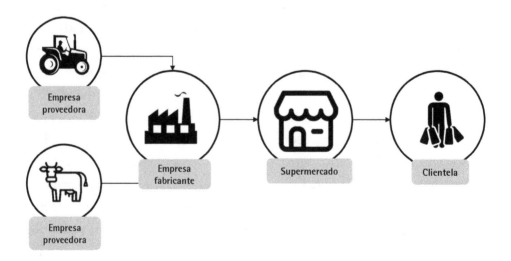

Figura 1.1. Cadena de suministros.

Las operaciones pueden verse afectadas por hechos repentinos que escapan de todo proceso de planificación: una densa neblina en el aeropuerto que interrumpe los planes de vuelo; un terremoto y una alerta de tsunami en las costas del Pacífico que afecta a las operaciones portuarias; medidas gubernamentales con motivo de una pandemia que paralizan el transporte, entre otros. Con el transcurrir de los años, estos escenarios son habituales para los responsables del abastecimiento y transporte, cuyas funciones se amplían hacia el entendimiento no solo de saber cómo programar un despacho y garantizar la disponibilidad del producto en el punto de venta, sino también en el manejo de crisis y la capacidad de diseño de planes de contingencia, cuando los métodos y las estrategias para el abastecimiento cambian, al igual que los criterios para identificar ineficiencias, con el objetivo de desarrollar operaciones más rentables.

Una parte significativa de los artículos que tenemos en casa o en la oficina provienen de otras partes del mundo y, a medida que aumentan las distancias para el movimiento de la carga, se incrementan los procesos, que se vuelven más complejos. Por tal motivo, debemos tener en cuenta las siguientes consideraciones:

- El transporte multimodal podría generar atrasos y problemas con las entregas. El seguimiento debe garantizar el cumplimiento de los tiempos con la clientela.
- Conocer de tipos de cambio, así como de tratados fronterizos, puntos críticos, problemas sociales, impuestos y marco regulatorio.
- Seguridad: con frecuencia, el transporte internacional implica el movimiento del producto a través de zonas peligrosas. Por tanto, ¿cómo se pueden evitar? ¿Cómo proteger al personal, la carga y los camiones?
- Al negociar con empresas transportistas en otros países, es necesario conocer las escalas salariales y comprender los factores culturales.

Respecto a la estructura de la cadena, los participantes del canal comercializador pueden clasificarse según el volumen de compra y venta. Para enfocarse en su operación, las empresas fabricantes utilizan a mayoristas que acercan la oferta a otras ciudades o zonas geográficas; por su parte, las empresas minoristas se encargan de abastecer a las detallistas o puntos de venta dentro de cada zona de venta, en tanto el canal institucional cuenta con volúmenes medios de compra.

Los canales actuales, conformados, entre otros, por empresas con ventas en comercio electrónico, multinivel cuyas ventas se realizan por catálogo, minoristas como tiendas por departamentos, supermercados, farmacias, librerías o formatos de conveniencia –cuyos volúmenes de compra son tan significativos que pueden ser atendidos directamente por las compañías fabricantes–, al formar en ocasiones parte de grupos regionales, incrementan los volúmenes de compra y negociación recurriendo a conceptos esenciales como la economía de escala.

Este sector ha propiciado el desarrollo económico y de infraestructura en países en vías de desarrollo, al acercar y agregar oferta conjunta con otras empresas a ciudades que no disponían de vías de comunicación apropiadas para minimizar los costos logísticos relacionados con esta deficiencia. El efecto inmediato de la inversión privada ha traído un impacto positivo en la calidad de vida, y ha generado nuevos puestos de trabajo –directos e indirectos– y propiciado, además, el desarrollo de eslabones locales en el abastecimiento.

La operación logística en este sector apela a tareas compartidas con las empresas proveedoras, al trasladar a estas el acondicionamiento de la mercancía, la puesta de códigos de barras con los precios de tienda y de precintos de seguridad, para optimizar así los tiempos y recursos de operación en el centro de distribución, tanto en la recepción como en el despacho.

Grandes cadenas de *fast retail* han desarrollado un concepto distinto: «poco inventario para incentivar la compra inmediata», porque tener un gran inventario en tienda ya no es tendencia. Quizás en alguna ocasión al visitar una tienda has encontrado algún departamento desbordado de mercancía… ¿Cuál fue tu primera impresión? Tener mercancía en exceso da la impresión de que las ventas no van bien. En la actualidad se busca mostrar una tienda más limpia, donde los productos expuestos tengan una alta demanda y las personas se vean impulsadas a comprar en ese momento para no perder la oportunidad de adquirir un producto.

El dinamismo de la oferta ha dado paso a una tendencia de mercado individual. Atrás quedaron las estrategias enfocadas en la venta minorista a través de un solo canal. Hoy, las alternativas de oferta se atomizan en nuevos canales de venta mediante teléfonos inteligentes, tabletas, redes sociales, *apps* tecnológicas y servicios de cupones de descuentos en línea, que han logrado influir en el comportamiento de quienes compran, pues ahora buscan información acerca de los productos, consultan opiniones de otros compradores, se informan sobre aspectos técnicos, comparan precios y productos alternativos, eligen el lugar de entrega, pagan a contrarrembolso y son cada vez más exigentes con los tiempos de atención. Se reinventa así la base de las estrategias de intercambio de información y de preparación de pedidos y distribución, lo que obliga a afrontar nuevos retos en la operación, que implica una mayor carga de trabajo y el empleo de más recursos, pero también puede hacer más eficiente la estructura de costos.

Imaginemos entonces el esfuerzo que realizan los centros de distribución en la actividad minorista. A través de la venta multicanal, se han visto en la necesidad de adaptar la frecuencia y metodología de preparación de pedidos y de despachos a distribuir, así como en la necesidad de consolidar la carga suficiente para no incurrir en sobrecostos pese a transportar volúmenes tan distintos. Esfuerzo que se traslada a la logística inversa, que resulta aún más compleja debido a la naturaleza misma de los pedidos del canal virtual, en el que las personas no pueden probarse las prendas que desean adquirir, lo cual conlleva, en reiteradas ocasiones, devoluciones por un canal distinto. Por consiguiente, algunas empresas han considerado la posibilidad de mejorar la experiencia y disminuir los índices de devolución mediante simuladores de compra web, pero algunos sectores de mercado se resisten a adaptar sus costumbres de compra, manteniendo los factores tradicionales de elección: sentir y probar el artículo para poder adquirirlo.

La pandemia de la covid-19 ha puesto en evidencia que el comercio electrónico es un canal de ventas que en ocasiones no recibió la atención necesaria. Ante la necesidad de acrecentar el ritmo de sus operaciones, muchas empresas no pudieron cumplir con los tiempos de entrega y otras no pudieron adaptarse a este canal de venta.

Para dar el soporte necesario, las operaciones de los centros de distribución tuvieron que adaptarse. Algunas empresas consideraron necesario contar con un almacén destinado en su totalidad al comercio electrónico, en tanto otras adaptaron el flujo de preparación de pedidos y asignaron subalmacenes virtuales para realizar separaciones de las existencias disponibles por canal de venta y facilitar también la atención de los pedidos mediante esas existencias disponibles del almacén principal, los subalmacenes y los puntos de venta (figura 1.2).

La venta al detalle mediante las plataformas de tiendas de conveniencia tiende a cambiar la estructura y las consideraciones en la negociación entre las participantes. A diferencia de las detallistas tradicionales, el volumen de compra les da la posibilidad de dejar de lado a las empresas distribuidoras porque estas encarecen la operación y reducen el margen comercial.

		Ventas		
	Unidades	**Pequeños**	**Medianos**	**Grandes**
Pequeños	Detallista			
Medianos	Institucional	Minorista		
Grandes	*Retail* Multinivel Multicanal		Mayorista	

(Compras)

Figura 1.2. Clasificación del canal comercializador.

Las pequeñas tiendas de formato tradicional mantienen bajos niveles de inventario y requieren un reabastecimiento constante. Los pedidos son menores y no pueden compararse con los del formato moderno. Para que la empresa fabricante mantenga bajos costos de transporte y el abastecimiento a estos puntos de venta sea rentable, debe incluirse a las distribuidoras en la estructura de la cadena. A medida que el canal moderno se consolida en el mercado, la presencia de algunos eslabones dependerá de su capacidad de adaptarse a nuevas estructuras, lo que confirma que las cadenas evolucionan según el comportamiento del mercado.

Una cadena de suministros puede ser extensa o corta, lo que dependerá de la actividad de la empresa. Es probable que una empresa fabricante de productos de consumo masivo emplee todas las plataformas comerciales para llegar al cliente final. Aunque este esquema distribuya los márgenes entre los participantes, suele ser el modelo más apropiado. Desde el aspecto operativo, la fabricante tendría que concentrar sus esfuerzos en la distribución, actividad que no necesariamente representa la fuente principal de ingresos y de especialización de sus recursos, optándose por desarrollar esquemas de trabajo compartido con empresas intermediarias comerciales que acogen la oferta de otras empresas con el mismo perfil de clientes, lo cual también propicia ventas y promociones cruzadas por el complemento de los artículos. Distinta es la composición para una cadena de restaurantes, que congregará diversas proveedoras y atenderá directamente al cliente sin necesidad de trabajar con una plataforma de distribución. Similar es la condición de la operación de la cadena de una empresa que brinda servicios de central de llamadas, cuyo último eslabón será la persona usuaria final, para quien la logística representa un área de *back office* en la empresa.

En la estructura de una cadena de suministros podemos hallar, igualmente, operadores logísticos que sirven de soporte en cualquiera de las etapas de la cadena para el almacenamiento y transporte de carga local o internacional en sus diversas modalidades, expandiéndose la estructura a agentes de carga y navieras que complementan la operación de la cadena (figura 1.3). También debemos tener en cuenta que dentro de una cadena de suministros se encuentra la administración pública ya que, como grupo de interés, esta genera el marco regulatorio para el desarrollo responsable y sostenible de cada eslabón.

En la medida en que una empresa sea capaz de reducir sus costos de transporte, almacenamiento, reposición y, en general, de la cadena, esto se verá reflejado en el valor resultante para el cliente final, en el que los atributos son los determinantes en la decisión de compra, sobre todo cuando en un punto de venta la clientela puede encontrar productos con características similares. La mayoría de las empresas fabricantes piensa que las detallistas están interesadas primero en el precio, premisa que se halla muy

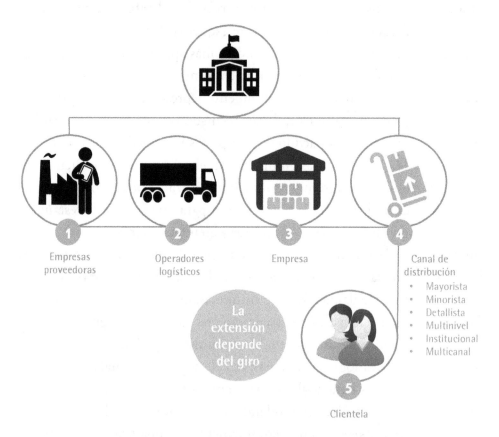

Figura 1.3. Composición de la cadena de suministros, cuyo sostenimiento en el tiempo depende del intercambio de información.

alejada de la realidad: lo que más le interesa al canal minorista son los niveles de rotación del producto que favorezcan el uso eficiente del espacio y el retorno de la inversión. Entonces, si una empresa proveedora demuestra que puede asegurar el abastecimiento de artículos con alta rotación, logrará que la detallista duplique los niveles de ingresos, sosteniendo así su actividad en el tiempo.

Objetivos y características

El diseño de los flujos de materiales, información y financieros de la cadena construye el éxito que esta pueda o no tener como consecuencia de una planificación consistente, hábil y responsable.

La integración de los participantes en la planificación y desarrollo de las operaciones desprende objetivos que se establecen para asistir en la toma de decisiones y en el incremento de la rentabilidad de los participantes administrando las fuentes de ingresos y costos: cuanto más alta sea la rentabilidad, se tendrán mayores posibilidades de sostenerse en el tiempo, debiendo incorporar en su estructura cuotas significativas de innovación y adaptación. Sin estas, la rentabilidad podría ser un suceso efímero de la cadena, en el entendido de que los mercados no son constantes y que pueden ser sensibles a coyunturas socioeconómicas, culturales y comerciales inesperadas que propicien la reinvención de las cadenas en sí mismas; por ello, en ocasiones, se requerirán estrategias conservadoras o crecientes, que resultan de la incorporación, modificación o desprendimiento de eslabones de la cadena.

Muchas empresas pierden la oportunidad de innovar, pues consideran que el crecimiento tan solo depende de la inversión en tecnología y maquinaria. La innovación hace que las cadenas de suministro dejen su zona de confort y, de esa manera, miren el futuro con mayor confianza y versatilidad, poca presión y sin resistencias al cambio. Todo ello genera valor para la clientela –al crear mejores artículos– y permite el ingreso a nuevos mercados. Las cadenas no se sostienen en el tiempo tan solo por reducir los costos y el capital de trabajo, o por incrementar el margen de beneficio, sino gracias al diseño de una correcta estructura que contemple la ubicación geográfica más apropiada y que determine, asimismo, qué eslabones deberán ser tercerizados, generando a la par eficiencia en costos, en tiempos y en la prestación del servicio.

La innovación también se consigue al evaluar el potencial de los canales de distribución que permitan movilizar los materiales con mayor rapidez y atender nuevos mercados. Por último, los servicios deben adaptarse a las necesidades del cliente creando nuevas y simples formas de abastecimiento que se refuerzan con la capacidad en el diseño y desarrollo de productos, *branding* y estrategias comerciales enfocadas en los siguientes puntos:

- **Antes de reducir costos hay que pensar en las personas.** Una empresa y sus acompañantes en la cadena de suministro deben desarrollar artículos que el público esté dispuesto a comprar por considerarlos increíbles e indispensables.
- **Establecer objetivos comunes.** Los participantes de la cadena sumarán esfuerzos para desarrollar nuevas estrategias.
- **Simplificar esfuerzos.** Hay que identificar si el portafolio de productos está conformado por líneas no relacionadas. Al segmentarlos adecuadamente, la complejidad de la cadena de suministro se reduce.

Entender los componentes de la incertidumbre y del riesgo

Nuestro comportamiento, casi innato, por subestimar las probabilidades que se encuentran en los eventos inusuales no pasa desapercibido en el desarrollo de estrategias: cuanto más lejos nos hallemos de su ocurrencia, optamos por ignorarlos. Administrar el inventario bajo un entorno de incertidumbre y riesgo es una labor que desafía nuestras capacidades de análisis, interpretación y resolución; en ocasiones, la puesta en marcha requiere decisiones tan drásticas que se debe involucrar la reestructuración de los componentes de la cadena.

El riesgo es un concepto que, por general, es mal entendido y que se relaciona con el de incertidumbre. A pesar de que ambos se asocian a lo inesperado, se diferencian en la capacidad de medirlo y mitigarlo. La incertidumbre está adherida a cada actividad aunque no se pueda determinar y cuantificar su origen, momento de ocurrencia y efectos, y por ello es imposible administrarla. En cambio, el riesgo resulta más «cómodo»; puede ser comprendido ya que se conocen, miden y distribuyen las probabilidades de ocurrencia.

Toda empresa debe identificar cómo está atendiendo la demanda actual y qué espera el cliente para cubrir la demanda potencial. Cuando alguien va a una tienda de conveniencia a comprar una botella de agua mineral, lo hace por la cercanía y sin darle prioridad al precio. En cambio, este factor será importante cuando se va a un supermercado, pues podría estar dispuesto a invertir tiempo para conseguirlo e, incluso, a comprar por paquetes para obtener un mejor precio. Aun cuando en ambos puntos de venta se pueden adquirir botellas con agua mineral, la demanda varía a causa de algunos atributos estrictamente inciertos, como la escasez, la variedad de productos, la disponibilidad, el precio y la innovación.

Pese a que la demanda está expuesta a factores exógenos, la necesidad de la clientela puede interpretarse en una medida de incertidumbre conforme la cadena incrementa el nivel de servicio, manteniendo la disponibilidad más alta de inventario para atender los cambios esporádicos en la demanda y, además, considerando la incertidumbre de la capacidad de abastecimiento de la cadena. En la industria de los teléfonos inteligentes, cuando se introduce un nuevo modelo en el mercado, las empresas tienen problemas para responder a la demanda de los clientes, pero conforme la tecnología se aproxima a la etapa de maduración en su ciclo de vida, se identifican esos elementos de la incertidumbre y los del riesgo comienzan a entenderse a medida que los datos nos muestran una relación entre tiempo y cantidades, siendo el coeficiente de variabilidad el que nos permite predecir la demanda con mayor exactitud y simplificar, por lo tanto, el proceso engorroso de pronóstico.

Los riesgos en la gestión de inventarios están estrechamente relacionados con estrategias enfocadas a definir qué eslabón de la cadena debe administrar los materiales, la frecuencia de reposición y la preservación de niveles apropiados que atiendan la demanda –con el fin de evitar incrementar la cobertura–, los cuales aumentan la probabilidad de inmovilizar el capital, la obsolescencia, el vencimiento y el deterioro.

Estos riesgos pueden mitigarse con planes alternos de ejecución ante eventuales incidentes, lo que permitiría salir al frente sin tener mayores problemas. Estos riesgos deben ser monitoreados mediante un cuadro de mando integral de indicadores que correlacione el impacto de estas herramientas y que posibilite, además, la toma de medidas preventivas y coordinadas ya sea con las empresas proveedoras, las áreas operativas o el canal comercializador.

En las últimas décadas, las cadenas de suministro fueron constituidas en torno a estrategias que han puesto al límite la cobertura de los inventarios, transfiriéndose la administración a empresas proveedoras debido al empleo de conceptos desgastados y mal comprendidos en su extensión, como el «justo a tiempo», que apela al manejo de cero inventarios, aunque esta medida podría colocarnos en riesgo ante cambios inesperados en la cadena.

En 2015, un operador de comida rápida optó por concentrar el riesgo en una sola empresa proveedora y desarrolló abastecimientos diarios y directos a las tiendas. Concentrar el abastecimiento en una sola proveedora permite obtener mejoras significativas en los costos y afrontar los riesgos inmersos en el cumplimiento de las entregas. Pero, en el caso mencionado, la proveedora fue víctima de las campañas virales en las redes sociales cuando un cliente denunció haber encontrado un objeto extraño en el pan, lo que llevó a la autoridad sanitaria a tomar medidas preventivas y a suspender la planta de dicha empresa.

También hay que lidiar con el riesgo de centralizar o descentralizar el inventario. En los artículos con baja densidad de costo –es decir, aquellos de gran volumen y peso, pero de poco valor–, el transporte tiene un impacto considerable sobre el precio final. En cambio, cuando un artículo tiene alta densidad de costo, el costo de transporte de la modalidad más rápida no tiene un impacto significativo sobre su precio. Por lo tanto, no hay mayor problema de traslado, inclinándose por almacenes descentralizados, mientras que los artículos con baja densidad tienden a establecer almacenes cerca de la demanda para tener un costo de transporte menor.

Cuando el coeficiente de variación de ventas es alto, es preferible centralizar el almacenamiento para reducir los costos que se originan a consecuencia de redistribuciones entre subalmacenes o puntos de venta que no incorporan valor. Cuando un artículo tiene una alta rotación, se buscará un almacenamiento descentralizado porque el breve período de permanencia garantiza que el artículo no se quedará inmovilizado. En caso de que se opere con dos o más puntos de almacenamiento y venta, la demanda deberá ser entendida de modo individual por cada centro de almacenamiento. Por último, cuando la clientela no esté dispuesta a esperar mucho tiempo por el producto, se deberá descentralizar el almacenamiento.

En el caso que los materiales sean muy importantes para la operación, se debe controlar las probabilidades de desabastecimiento y considerar la centralización como una alternativa oportuna, mientras que los artículos de menor impacto podrían ser abastecidos directamente por los proveedores a los subalmacenes o puntos de venta.

Estamos rodeados de riesgos que no se diluyen, pero que se identifican y administran antes de que se conviertan en daños. Durante una semana, los clientes de una cadena de comida rápida encontraron solo hamburguesas al plato, sin opción a sándwich, lo cual afectó al nivel del servicio y dejó en evidencia que las estrategias son vulnerables a condiciones repentinas de mercado. El efecto habría sido menor si la empresa hubiera contado con proveedores en carpeta, recordando que el método «justo a tiempo» (JIT, por *just in time*) es un concepto que ha sido trastocado en forma y fondo con el paso de los años. Hay quienes persiguen el enfoque inicial, pero sus detractores afirman que conceptos como este son «inconsistentes» y que gran parte de las empresas requieren mantener inventarios para responder ante los riesgos.

Capacidad de abastecimiento

Las cadenas están formadas por elementos controlables que adaptan su estructura para ofrecer una mayor capacidad de respuesta. Sin embargo, dichos cambios traen consigo un costo: para atender la mayor cantidad de pedidos, deberá aumentarse la capacidad de producción y almacenamiento; este incremento en costos disminuye la eficiencia de la cadena.

Los enfoques estructurales en las cadenas son muy distantes, pero capaces de complementar modelos de actividad empresarial. Están las tiendas virtuales que atienden con rapidez los requerimientos de la clientela, así como las que permiten personalizar los pedidos, mientras que, para alcanzar altos estándares de eficiencia, disminuyen el costo al optimizar sus capacidades de respuesta.

Las empresas deben trabajar para asegurar la capacidad de respuesta y la eficiencia en escenarios de alta exposición a la incertidumbre, como sucede con las tiendas virtuales, que permiten la personalización utilizando medios de transporte más rápidos y con mayor costo para ser más eficientes. En cambio, las empresas que venden productos de primera necesidad tienen una demanda y oferta relativamente más constante y predecible, destinando sus esfuerzos hacia la eficiencia al reducir costos mediante economías de escala y medios de transporte.

En la actualidad, las cadenas enfocan sus esfuerzos en la producción de lotes cada vez más pequeños. Podrían llegar a replantearse los estándares de operación de las cadenas que operan por grandes volúmenes, incluyendo nuevas actividades y dejando de lado otras para evitar la obsolescencia de los procesos. Hoy, el mercado chino ha dejado de tener el atractivo del costo de la mano de obra, y han surgido sectores económicos e industriales que ponen el foco de interés en la producción de grandes empresas de otras regiones, lo que está reconfigurando los sistemas de distribución y la mejora de las infraestructuras portuarias.

Las recesiones económicas que cada cierto tiempo atraviesan los principales bloques regionales han motivado que las empresas tiendan a acortar sus cadenas de suministro para fomentar la agilidad en la capacidad de respuesta. Por su parte, otras comienzan a reconsiderar procesos y se ven en la necesidad de integrarlos nuevamente para simplificar los impactos ante la variación de precios de las principales materias primas o productos básicos.

Favorecer el desarrollo sostenible de sus participantes

Desarrollar empresas proveedoras socialmente responsables libera valor compartido que proviene de una relación simbiótica: el éxito de las empresas participantes y de la sociedad se refuerza conjuntamente. Gran parte de las empresas orientan su gestión a mantenerse en el mercado basando su estrategia en la imitación. Una verdadera estrategia consiste en diseñar nuevos conceptos comerciales, y no en participar del juego eficientemente.

Constantemente experimentamos cambios en la experiencia de compra. La competitividad de los mercados ha permitido cambiar las reglas para crear un nuevo juego en el que se requiere conocer a la competencia y conceptualizar sus intentos por atender la demanda del mercado. Es aquí donde las empresas deben aprovechar las oportunidades emergentes de manera más eficiente que sus rivales, con el objetivo no solo de identificar la oportunidad, sino también de tomarla, articulando un nuevo conjunto de recursos y organizándolos en combinaciones novedosas que representen un sistema que satisfaga una necesidad, pero que, además, impida a los competidores copiar su propuesta.

Estos sistemas deben ser construidos sobre una red dinámica que favorezca su sostenibilidad, una red dispuesta a considerar nuevas oportunidades a medida que surjan y que no permita desgastar la propuesta al concebirla tan solo como un medio de maximización de beneficios. Las empresas están en el mercado para alcanzar objetivos económicos, cumplir los marcos regulatorios y responder a principios éticos y filantrópicos, enfocándolos como objetos a perseguir dentro del sistema desarrollado y garantizando así su cumplimiento. ¿Cómo lo podemos alcanzar? La «responsabilidad social corporativa» (RSC) no solo contempla en sus aristas el respeto por el medio ambiente y social de su entorno. Este enfoque se amplía al diseño de un sistema que cumpla con sus responsabilidades legales, tributarias, de conservación y protección por los recursos y la clientela.

Al integrar a empresas proveedoras informales a nuestra cadena de suministros que no cumplen con el pago de los derechos laborales de sus plantillas, que evaden sus responsabilidades sociales o que su producción de bienes y servicios influye negativamente en la sostenibilidad de los recursos naturales, se contribuye al fortalecimiento de este círculo vicioso que empobrece a unos tantos en busca de alcanzar objetivos económicos. Todo lo contrario son las experiencias de empresas proveedoras con visión de valor compartido y desarrollo sostenible, basada en generar valores éticos y filantrópicos homologados, que ha permitido dinamizar y propiciar un nuevo mercado proveedor capaz de comprometerse con los intereses de la sociedad.

Así, no se trata de maximizar cada eslabón abastecedor en una cadena de suministros, sino en gestionar a cada participante del sistema para formar una propuesta de valor más compleja. La estrategia es crear un juego diferente que respete los fundamentos de la RSC que construyen una nueva sociedad; es un beneficio para todos mediante el que se construyen mejores sociedades, empresas proveedoras y, sobre todo, mejores personas; una estrategia en la cual los competidores anhelen conocer sus reglas para, de esa manera, querer convertirlas en un modelo de actividad empresarial homogéneo.

La estructura de la cadena supone el grado de complemento y poder de negociación integrativa, a medio y largo plazo, que los participantes adquieren a partir de los volúmenes de compra y venta. Esta capacidad de negociación debe contar con un equilibrio que favorezca la sostenibilidad y el diseño de objetivos comunes tomando en consideración los siguientes puntos:

- Por sostenibilidad comercial y operativa, las empresas destinan esfuerzos para desarrollar estrategias con proveedores y clientes para quienes son importantes. La adhesión del concepto dependerá del tipo de actividad, estructura y formalidad de cada eslabón. En el sector agropecuario, por ejemplo, por más que se anticipe la información a las empresas proveedoras, estas no estarán interesadas en acordar precios para un horizonte de tiempo al trabajar el día a día y sabiendo que hay otras empresas dispuestas a pagar un mejor precio.

- No debemos limitar nuestro abastecimiento a una sola empresa proveedora, más aún si somos compradores poco importantes para ellos, quienes deben contar con fuentes competitivas y confiables de abastecimiento.

Anticipar y responder ante los cambios en el sector

Las acciones preventivas y reactivas sobre los cambios en el mercado requieren decisiones coordinadas entre los integrantes de la cadena. Estas pueden involucrar el aumento de las capacidades de almacenamiento o producción y financiera, así como cambios en el diseño de empaques y productos. En ocasiones, el eslabón principal desarrollará a los participantes actuales o buscará nuevas fuentes de operación que favorezcan el desarrollo sostenible. En el mercado de bebidas gasificadas, por ejemplo, los eslabones de las cadenas de suministro deben tener la capacidad para responder ante las propuestas de la competencia. Hace unos años, el mercado peruano consumidor de estas bebidas recibió la oferta de un nuevo formato de tres litros. De inmediato, para no perder participación, la embotelladora competidora coordinó con sus proveedoras de envases la posibilidad de realizar un cambio en el tamaño del molde y, al mismo tiempo, acordó con las distribuidoras determinar la rentabilidad desde el aspecto operativo y del costo de despachar envases más grandes, porque no es lo mismo distribuir bebidas en formatos más pequeños.

Establecer objetivos conjuntos

Las cadenas son una suma de esfuerzos y actividades, algunas no tan fáciles de percibir, pero que se encuentran circunscritas a los objetivos, que agregan valor a cada etapa de la cadena sobre la capacidad de respuesta y satisfacción final de las personas, quienes en ocasiones entienden dichos esfuerzos como ocultos aunque propios de cada empresa, sin necesidad de que merezcan un pago adicional. Es así que la exactitud del inventario, los niveles de servicio y los métodos de reposición se desprenden del objetivo compartido por los participantes. Sin embargo, en el reverso del empaque no se anuncian estas actividades porque no son atributos del producto, pero sí factores preponderantes dentro de todo plan de operaciones.

Integración de la cadena de suministros

Las organizaciones tienden a desarrollar e incorporar fuentes de abastecimiento para asegurar la disponibilidad de los materiales, identificando y controlando los factores de variabilidad en la demanda y en los tiempos de atención de las empresas proveedoras. En mercados de precios irregulares, o como respuesta al crecimiento repentino de la competencia, sea cual fuere la nueva estructura de integración, esta debe enfocarse en el refuerzo e intercambio de recursos.

El esquema de las cadenas de suministro presenta a cada empresa en forma horizontal, como se observa en la figura 1.4, por lo cual es posible la absorción o fusión entre dos o más –sin importar la actividad– a través de la integración vertical. Esto permite atender los mercados con demanda insatisfecha creando o reinventando la oferta. Normalmente, estas integraciones verticales surgen como respuesta al crecimiento exponencial de la competencia, resultan un freno disruptivo al mismo y, en ocasiones, el trasfondo suele responder a prácticas monopolísticas, brindándoles la posibilidad de incrementar los volúmenes de compra y, en consecuencia, la capacidad de negociación con empresas proveedoras.

Una integración horizontal hacia atrás responde a un trabajo conjunto que realiza una empresa con su proveedora para asegurar el abastecimiento; en ocasiones la empresa constituye otra empresa que será su proveedora, e incluso otras veces compra una empresa proveedora ya existente en el mercado, lo que hace presumir que hay un vínculo de cooperación operativa para el crecimiento en paralelo. Algunas empresas optan por financiarlas, creando una relación de subordinación y control del desempeño, lo que propicia nuevas escalas de costos. Otras rompen las relaciones monopolísticas y amplían las fronteras de la oferta. En este tipo de integración, la cadena es propensa a la limitación de la innovación y las propuestas de mejora.

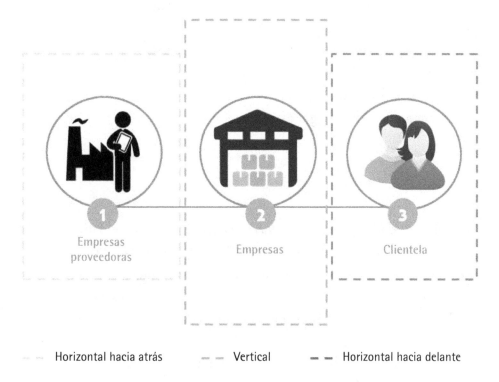

Figura 1.4. Integración de la cadena de suministros.

Este tipo de estrategias se refleja en la práctica en los grupos empresariales; por ejemplo, en consumo masivo se desarrollan proveedoras para asegurar el abastecimiento de suministros tales como cajas de cartón, envases de vidrio y otros. Por el contrario, una integración horizontal hacia delante permite controlar los márgenes y ponerse en ventaja respecto a los intentos de la competencia.

En la actualidad, por ejemplo, en algunos países las principales tiendas de conveniencia son eslabones desarrollados por embotelladoras de bebidas gaseosas, lo cual les permite contar con un canal de comercialización alternativo. Al igual que estas compañías, hay países en que las cadenas de farmacias pueden ser una extensión de los laboratorios y distribuidoras farmacéuticas, que suelen recortar la oferta a los artículos que fabrican o representan, situación que con el tiempo moldea un mercado insatisfecho presto a ser cubierto por una nueva competidora.

Este concepto de agregación de nuevos eslabones en la cadena busca que las empresas:

- Aseguren el ciclo de abastecimiento.
- Reduzcan los costos operativos.
- Incrementen sus márgenes.

Logística inversa y trazabilidad

La disponibilidad y las herramientas para disponer de toda la información sobre los materiales contribuyen al diseño de las actividades propias de la recepción, almacenamiento y despacho. Un almacén no solo se integra por infraestructura física y maquinaria; también requiere ciertos elementos que fortalecen la capacidad de atención de los pedidos, que permiten formar parte de un flujo natural que va de izquierda a derecha –desde el proveedor hasta el cliente– y que puede tomar un rumbo inverso que responda a las devoluciones por diversos motivos, como reciclaje, reutilización, vencimiento, garantías, materiales no conformes, errores de despacho o por la simple razón de no estar satisfecho con lo comprado.

Cualquiera que sea el motivo de devolución, este proceso deberá validarse con documentación y registros para determinar que el artículo transitó previamente por la etapa más inmediata de la cadena de suministro, empezando por el registro en el sistema del lote, el número de serie o cualquier otro registro que identifique cada artículo recibido de la empresa proveedora. La visibilidad permite identificar con qué artículos hemos atendido a nuestros clientes y qué lotes deberíamos considerar en un próximo despacho; la trazabilidad hacia atrás valida el origen del producto, así como de sus componentes, y garantiza la capacidad de brindar una respuesta responsable frente a posibles incidentes con respecto a los artículos que entregamos y anticipa, igualmente, posibles incidentes, como ha ocurrido en la industria automotriz, cuando los fabricantes han identificado posibles problemas con sistemas de funcionamiento tan complejos como los de freno y suspensión; ello ha motivado que ciertos modelos y números de serie de motor sean devueltos a los concesionarios para hacer las correcciones necesarias y evitar incidentes mayores. Algo similar ocurre en la industria farmacéutica, en la que los laboratorios comunican a las cadenas de farmacias y demás canales de comercialización que deberán devolver ciertos lotes por problemas con los componentes del medicamento o por regulación sanitaria.

La trazabilidad responde a problemas que se den con los artículos. Se identifica el origen del producto y, de ser necesario, el de los componentes, entendiendo al mismo tiempo cada etapa y recurso empleado en el proceso de fabricación del artículo. En la actualidad, industrias de consumo humano –como las que elaboran cualquier producto alimentario– están obligadas a registrar la fecha de fabricación, vencimiento y número de lote para entender de inmediato cuándo, en qué línea de producción y qué personal e insumos intervinieron en el proceso, con el fin de poder responder a problemas que se puedan presentar por el consumo del artículo.

Diversos sectores extractivos y productivos están propiciando el desarrollo de sus cadenas inversas. En algunos casos se ven forzados a establecerlas debido a regulaciones medioambientales o por iniciativas de la ciudadanía o de la misma organización, al identificar este proceso como una fuente para reducir costos operativos mediante la reutilización parcial o total de los materiales. Por ejemplo, existe un marco regulatorio para que las empresas mineras traten sus desechos a través de relaves que no se infiltren y contaminen las aguas de los ríos. Por otro lado, en la última década, la industria de bebidas no alcohólicas ha fomentado el reciclaje de los envases PET (politereftalato de etileno) para la elaboración de prendas sintéticas conocidas como polares, creando una línea tangencial en la operación de la cadena para diseñar nuevos esquemas de actividad empresarial que refuerzan la oferta y la competitividad de la industria textil.

Una iniciativa distinta se viene desarrollando a través de los bancos de alimentos, entidades que se encargan de gestionar donaciones de alimentos, útiles de higiene y aseo personal que perdieron su valor comercial –debido a fechas próximas de vencimiento, excedentes de producción, errores de envasado o incumplimiento de ciertas especificaciones técnicas de la empresa– y que pueden ser aprovechados por quienes más lo necesitan, con lo que se garantiza un consumo responsable y esa labor social que dio origen a la cadena inversa (figura 1.5).

Un banco de alimentos se sostiene en la recolección de materias primas y productos terminados que provienen de eslabones, tanto de comercializadoras como de empresas fabricantes, pero también de las donaciones de la ciudadanía, para luego ser clasificados, almacenados y distribuidos a las personas beneficiarias directas mediante entidades de ayuda comunitaria. Dichas cadenas deben lidiar con marcos regulatorios legales y tributarios endebles que no han evolucionado de la mano con estas nuevas estructuras que, en la práctica, se convierten en barreras operativas que entorpecen el desarrollo de la operativa de las cadenas inversas.

Establecer una cadena inversa –ya sea por elección o por necesidad– implica nuevos objetivos para atender a la clientela, debiendo definir qué

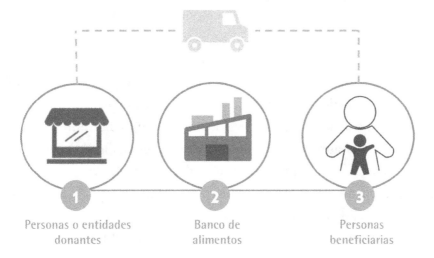

Figura 1.5. Un banco de alimentos genera y estrecha vínculos solidarios.

actividades se deben subcontratar y cuáles deben ser realizadas, detallar acciones comerciales como descuentos por volumen para fomentar la demanda de productos próximos a vencer y, en general, resolver cómo mantener al mínimo los costos sin dejar de agregar valor.

La construcción de una cadena de suministro inversa se realiza sobre la base de cinco elementos esenciales que se hallan entrelazados:

- **Abastecimiento de los artículos.** La rentabilidad de las cadenas está en gestionar cuidadosamente la calidad, la cantidad y los recursos empleados en la recuperación de los productos. De lo contrario, las empresas pueden sobreexponerse con materiales de calidad tan variable que una reutilización sería una tarea casi imposible.

- **Infraestructura y redes de transporte.** Los materiales deben ser trasladados a determinadas instalaciones para la verificación, clasificación y reutilización respectiva, quizá con unidades de transporte distintas en capacidad o condiciones. No existe la clave para el diseño de una red de logística inversa. Esta debe adaptarse a los requisitos medioambientales, físicos, técnicos y legales de los artículos, así como a los aspectos económicos del proceso.

- **Verificación.** Al igual que otros, este proceso demanda mucho tiempo, pero puede agilizarse sometiendo los artículos al cumplimiento de especificaciones técnicas y a la utilización de herramientas tecnológicas para automatizar el seguimiento y el análisis. En general, las empresas deberían procurar tomar decisiones de reutilización sobre el cumplimiento de las especificaciones técnicas en la etapa más temprana posible del proceso de devolución. Esto puede reducir costos inmersos en la operación y agilizar la entrega del nuevo artículo.

- **Reacondicionamiento.** Se puede obtener mayor valor de los materiales extrayendo y reacondicionando los componentes para su reutilización. Estos procesos tienden a ser menos predecibles que la fabricación tradicional porque en ellos puede haber una exposición mayor respecto a los tiempos de entrega y a la calidad de los artículos devueltos. Como en el punto anterior, anticiparse a esta actividad en la etapa más temprana del proceso ayudará a reducir la incertidumbre y los costos.

- **Demanda.** Para comercializar un producto reciclado se debe identificar si existe un mercado con demanda insatisfecha o dispuesto a adquirirlo como consecuencia de atender una necesidad que permaneció oculta. Entre la clientela potencial de los artículos reprocesados se incluyen no solo los primeros compradores, sino también nuevos clientes pertenecientes a diferentes mercados. Podría ser que la empresa quiera, por ejemplo, dirigirse a personas que no pueden adquirir los productos nuevos o con un precio de etiqueta, pero que no dejarían pasar la oportunidad de comprar otros a menor precio como ocurre con los formatos *outlet,* que venden mercancía de una o más marcas de temporadas pasadas o con defectos menores a un precio promocional, o las tiendas de productos de segunda mano.

En la etapa de levantamiento de información de un proyecto de consultoría que realicé en una empresa del sector agroindustrial, la persona responsable del almacén me indicó que la ubicación de la materia prima se asignaba según la disponibilidad de espacios, y que aquella no necesariamente coincidía con el saldo anterior ya almacenado. Para despachar apelaba a la memoria sin importar el número de lote, ya que este dato no se registraba en el sistema. Sorprendido, le pregunté por los despachos de productos terminados, a lo que atinó a esbozar una sonrisa y, tomándose la cabeza con la mano derecha, me dijo: «Todo bien con el canal tradicional, pero no te imaginas con el canal moderno… tenemos constantes problemas; en muchas ocasiones nos rechazan las entregas, verifican en su sistema y se percatan de que el lote ya ha sido entregado con anticipación y que no es el que corresponde, error que nos cuesta mucho dinero porque incrementa el costo por falso flete, pero que podría evitarse administrando los lotes».

La logística inversa mantiene una relación estrecha, casi cómplice, con la trazabilidad para operar con mayor fluidez y eficiencia los procesos de devolución, que requieren registros de información. Estos, al estar incompletos o no existir, podrían generar retrasos y sobrecarga de costos a la operación. La trazabilidad genera valor para la operación; gracias a ella, la clientela percibe los resultados que exigen la ley y la competencia, pero, sobre todo, garantiza el uso responsable y sostenible de los recursos y materiales utilizados en el proceso de elaboración.

Por lo general, las empresas que incorporaron este proceso con éxito han coordinado con cada etapa de su cadena de suministro tradicional; han modelado un sistema alterno tomando decisiones de diseño y fabricación, y han tenido en cuenta el reciclaje y el reacondicionamiento posterior. La industria de electrodomésticos ha comenzado a incorporar sensores que indican si es oportuno reacondicionar el artículo, reduciendo costos de verificación y reutilización, lo que permite a la empresa conseguir beneficios directos en la obtención de artículos con mejores estándares de calidad e, incluso, pensar por adelantado en estrategias y fuentes de nuevos recursos para estas cadenas de suministro.

Distorsión en la cadena de suministros

En ocasiones, las cadenas de suministro suelen convivir con relaciones adversas entre sus participantes, lo que fuerza operaciones con prácticas no integrativas que generan vínculos de dependencia hacia las promociones y descuentos, más aún si estos se ofrecen como una constante en un período determinado del año, con lo que podrían ser entendidos por las empresas detallistas como una oportunidad para construir un inventario a un menor costo.

La dinámica de las cadenas se construye en base al flujo continuo de materiales y al intercambio de información, y cada empresa que conforma la cadena depende de otras para poder obtenerlos. Estas actividades responden a efectos multiplicativos irregulares que distorsionan los programas de reposición y que aparecen como consecuencia de asumir, en los pronósticos, elementos atípicos de la demanda. Estos surgen por estimaciones optimistas del canal comercializador y desencadenan una posición inequívoca de incremento de los niveles de cobertura de inventario. Incluso el «efecto látigo» −como se denomina esta distorsión− se asume como resultado de plazos prolongados y poco certeros en las entregas.

Un incremento inesperado en los requerimientos, sin importar su dimensión, responde a una causa que difícilmente es cuestionada, pero que se asume como factor de tendencia para trasladarlo a los demás participantes de la cadena, extrapolando así los riesgos por excedentes de inventario.

Como se muestra en la figura 1.6, cuando la demanda real es menor a la estimada se crea una distorsión que va pasando hacia atrás entre los demás participantes de la cadena, y si estas anomalías no se identifican a tiempo llevarán a un incremento desmesurado e irregular de los inventarios.

A veces existe un entusiasmo desmesurado cuando se trata de pronosticar las ventas o un efecto especulativo al construir un inventario, como consecuencia de una baja capacidad de atención en la cadena. Ello puede acrecentar errores en empresas con planes de ventas poco claros o inexistentes que dejan a libertad de los equipos de ventas para ofrecer artículos de mayor comisión y rotación, descartando los de menor beneficio. Una

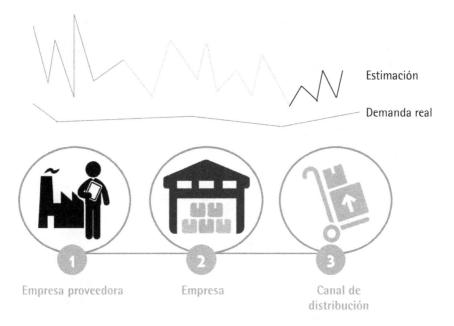

Estimación

Demanda real

1 Empresa proveedora

2 Empresa

3 Canal de distribución

Figura 1.6. Efecto látigo, provocado por una distorsión de la información que afecta tanto a la demanda como al inventario.

buena práctica para monitorear y administrar idóneamente la gestión de inventarios desde la demanda es el diseño de pronósticos desagregados por canal de ventas, clientes y artículos, en el caso de materiales o productos y planes de mantenimiento preventivo para los repuestos.

Los factores de la oferta y la demanda difícilmente coincidirán. En respuesta, los inventarios deberán incrementarse generando cambios en la programación de los pedidos. Mientras tanto, las empresas que tienen faltantes se verán forzadas a colocar pedidos urgentes, cambios inesperados que aparecen a consecuencia de causa externas o internas.

Causas externas

- **Extensión de la cadena.** Cuanto más extensa sea la cadena de suministro mayores serán las probabilidades de que la comunicación se distorsione y los niveles de inventario no compensen la demanda real del mercado, cobrando importancia las herramientas de pronóstico y administración de inventarios, así como una comunicación fluida entre los participantes de la cadena.

- **Cambios en los pedidos.** Por presión de la competencia, por ejemplo, la empresa cliente podría verse en la necesidad de variar los volúmenes y, hasta quizá, los artículos solicitados. Otros motivos pueden ser la exigencia de inmediatez en los tiempos de entrega y las fluctuaciones derivadas de la multiplicidad de opciones de compra que ofrece el comercio electrónico.

- **Entregas a destiempo.** Las demoras en las entregas obligarían a la empresa a cambiar los planes de producción, de modo que estas modificaciones podrían significar la colocación de órdenes de compra de emergencia hacia otro proveedor. También podría interpretarse como una posible escasez, en la que la clientela buscará aumentar niveles de cobertura para reducir posibles desabastecimientos.

- **Entregas parciales.** El incumplimiento de las empresas proveedoras condiciona la continuidad del proceso de abastecimiento, adoptando como medida de protección el incremento de los niveles de seguridad.

Causas internas

- **Escasez por el proceso de producción.** Las huelgas del personal y las averías en la maquinaria, entre otros incidentes, podrían aplazar o cambiar los planes de abastecimiento, y el cliente ajeno a ellos tomaría acciones de protección.

- **Promociones.** Es una práctica recurrente que las empresas elaboradoras de artículos o que brindan servicios estandarizados apelen a mecanismos comerciales para incentivar la demanda. Normalmente, dicha alza suele ser momentánea y, al no ser administrada como tal, repercute en las etapas de fabricación y despacho de la cadena. Sin embargo, se puede lograr un equilibrio si se motiva a las personas consumidoras a realizar actividades que compensen los costos y la operación, como por ejemplo generar incentivos comerciales a los clientes por colocar pedidos a través de plataformas virtuales, recogerlos en las instalaciones del proveedor y aumentar los volúmenes de compra, lo que crearía un escenario de beneficio compartido.

- **Proceso de ventas.** A menudo sucede que en el área comercial de algunas empresas, los últimos días del mes se procesan los pedidos y, algunos de estos, con cantidades no solicitadas por quienes cubren la cuota prevista de venta y, en ocasiones, con una promesa del equipo de ventas de retomar los productos en los primeros días del siguiente mes.

  Resulta conveniente establecer y realizar el seguimiento a las cuotas de ventas semanales, administrar los pedidos e identificar esas cantidades atípicas que distorsionan el plan de operaciones del almacén y crean cuellos de botella, situación que se refleja en sobrecostos.

- **Errores de información y comunicación.** Si las cantidades pronosticadas no coinciden con la demanda real, estas podrían incrementar la probabilidad de generar excedentes y roturas de inventario; además, la baja exactitud de inventario hará más complicada y deficiente la comunicación con la empresa proveedora. Muchos de los conflictos en la cadena responden a estos problemas, que son asumidos como propios de la operación. Es poco realista suponer que se eliminarán todas las alteraciones, aun cuando sea un reto eliminar su impacto.

Las consecuencias de este problema pueden reflejarse a corto plazo a través de costos ocultos. El cliente podría indicarle que la cantidad requerida fue superior a la demanda esperada y, como consecuencia de ello, el dinero se encontraría inmovilizado, viéndose en la necesidad de contrarrestar los efectos mediante un cambio o devolución, lo cual generaría costos adicionales de transporte por concepto de falso flete, aunque también se presente la posibilidad de aplazar el período de crédito.

No anticipar ni entender los cambios en la demanda pone en riesgo la imagen de marca. La clientela podría señalar a la empresa fabricante como responsable del alza del precio o la escasez del artículo en el mercado, creándose un fastidio que podría ser definitivo.

Six Sigma y los materiales

La calidad es un concepto que se entiende cuando un producto o servicio cumple con las funciones y especificaciones para los que ha sido diseñado y que pueden ajustarse a las necesidades expresadas por la clientela. Aunque los enfoques sean muy dispersos, mantienen los mismos objetivos, ofreciendo productos y servicios sin defectos que logren la satisfacción del público.

La filosofía de trabajo y de evaluación de procesos conocida como *Six Sigma* aprovecha algunas herramientas estadísticas para determinar y anticipar la confiabilidad del proceso en la elaboración de materiales. Aquella filosofía se extiende en el tiempo a cualquier tipo de proceso, incluyendo los servicios.

Todo proceso emplea diferentes recursos para la elaboración de un producto o servicio. Tan solo por integrarlos, se originan variaciones causadas por las interacciones de esos recursos, sin olvidar las variaciones individuales. Por lo tanto, todo proceso –por muy preciso que sea– presenta una variabilidad que se manifiesta mediante determinadas magnitudes que pueden ser determinantes para lograr la calidad esperada o que, por el contrario, podrían afectarla.

Para que la variabilidad no afecte a la calidad, deben establecerse límites de tolerancia. Imaginemos que nuestro cliente acepta la entrega de mil rollos de cable eléctrico cuya extensión es de 25 metros por cada rollo; estos podrían presentar una variación y, entonces, se hace necesario establecer límites de tolerancia, considerando 24 el límite inferior y 26 el límite superior. Para entender la importancia de dichos parámetros, se puede definir que la calidad está sujeta al cumplimiento de especificaciones, siendo necesario que la variabilidad se mantenga dentro de estos límites de tolerancia.

La variabilidad responde a causas procedentes de los distintos elementos que intervienen en el proceso y que pueden ser comunes; es decir que siempre estarán presentes y actuarán de manera aleatoria por diferentes efectos. Pese a ello, son estables y originan una variabilidad homogénea y, en especial, previsible; pueden disminuir, pero no ser eliminadas. Los efectos son identificables y pronosticables, lo que permite un mejor control del proceso.

La variación puede estar motivada también por causas especiales, que son originadas por razones concretas. Su comportamiento es irregular e inestable en el tiempo, por lo que sus efectos terminan siendo imprevisibles, los mismos que perduran y no pueden ser eliminados. Mientras existan causas especiales habrá un fallo en la ejecución del proceso que debe eliminarse porque, de lo contrario, dará lugar a defectos en la calidad; y cuando se haya eliminado, el proceso se encontrará en estado de control y no quedarán más que causas aleatorias de variabilidad. Entonces, la distribución pasará a ser de tipo normal.

Para controlar la calidad de los procesos se deben identificar previamente las características de calidad, diferenciándose los tres tipos:

- **Variables.** Son las características cuantificables. En el ejemplo de los rollos de cable eléctrico, los 25 metros serían la característica de este tipo.

- **Atributos.** Son de carácter cualitativo, solamente pueden considerar lo aceptable y lo defectuoso; el gráfico de control solo puede representarse por la cantidad o el porcentaje de unidades dentro de cada categoría.

- **Defectos.** A partir del número de defectos se define la aceptabilidad del artículo.

Todo método se comprende mejor a través de gráficos. El Six Sigma utiliza los de control y, de acuerdo con la característica de calidad, se distinguen tres tipos: por variables, por atributos y por número de defectos. De los tres, el gráfico por variables alcanza mejores resultados al tomar magnitudes medibles que aportan mayor información que el resto de los gráficos. Además, todo gráfico se complementa con los límites de control, que se representan con tres líneas horizontales (límite superior, central e inferior) y que son distintos a los de límites de tolerancia, como se observa en la figura 1.7, en la que se identifica dónde deberían estar estadísticamente los puntos del valor de esa característica de calidad. Es así que los gráficos de control se basan en diagramas lineales que muestran el comportamiento de las variables, atributos y número de defectos.

Además de observaciones individuales, los gráficos por variables pueden mostrar la combinación de dos gráficos a partir de trabajar con medias aritméticas, rangos y desviaciones de subagrupaciones, gracias a lo que se obtiene la ventaja de trabajar con un gráfico que tiene menor cantidad de valores y que es más sencillo de interpretar, teniendo en cuenta, igual-

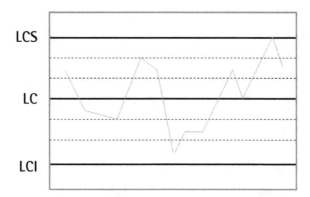

Figura 1.7. Límites de control superior (LCS), central (LC) e inferior (LCI).

mente, que la desviación es menor que al considerar observaciones individuales. Sin embargo, la principal desventaja de los gráficos de control agrupados es que se pierda algún valor que sobrepase los límites de control y, por ende, se pierdan puntos que se encuentren fuera de los límites, apreciándose mediante ayudas visuales más prácticas la dispersión de valores respecto al límite central.

Por otro lado, están los gráficos de control por atributos. Dado que estos son características no medibles de la calidad, se basarán en la determinación de la cantidad o en una muestra de unidades defectuosas.

Por último, están los gráficos por número de defectos. Podría ocurrir que un artículo presente distintos tipos de defectos, entonces lo más recomendable cuando los defectos puedan identificarse es hacerlo antes y considerarlo como no conforme.

Tener todas las observaciones dentro de los límites de control no garantiza que el proceso esté bajo control y sin ausencias de variabilidad, pudiendo mostrar anomalías sin salirse de aquellos límites. Su mejora para que pueda asegurarse la ausencia de causas especiales –es decir, que el proceso no esté expuesto a errores– deberá comparar la evolución dentro de los siguientes patrones de variabilidad:

- **Puntos fuera de los límites de control.** Tanto en el gráfico de medias como en el de observaciones individuales, si los puntos caen fuera de los límites de control, es un indicativo de que el proceso no está bajo control o ha empeorado, y no por consecuencia del azar. Esto puede deberse a causas especiales que lo originan (véase gráfico 1 de figura 1.8).

- **Dos puntos de cada tres se encuentran en la zona A.** Pese a la probabilidad, esto no debería ocurrir en un proceso en estado de control. El 95,4 % de las observaciones debería estar en las zonas C y B; y el 99,7 %, en las zonas C, B y A. Por lo tanto, en C no debería haber más del 4,3 % en una distribución normal (véase gráfico 2 de figura 1.8).

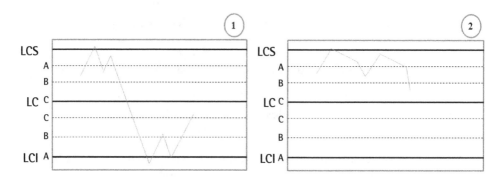

Figura 1.8. Patrones de variabilidad. Permite entender si es necesario
o no realizar mejoras en los procesos.

En los gráficos de control se registra la variabilidad, pero estos deben interpretarse para anticipar posibles cambios y anomalías y poder tomar medidas tanto preventivas como correctivas. Así, la presencia de variaciones por encima del límite de control superior indica que el proceso está afectando a la calidad del producto o servicio debido a causas especiales. Lo contrario podría entenderse cuando las variaciones se encuentren cerca del límite central o aceptado.

A través de este método de mejora no solo se pretende lograr el control de los procesos. Lo importante es que estos mantengan dicho estatus en el tiempo y que las variaciones puedan ser identificadas sin mayor problema, simplificando los efectos de las causas comunes y estando alertas ante la aparición de causas especiales nuevas para, así, conseguir la mejora continua de los procesos. Gran parte de las empresas destinan sus esfuerzos en la compra de maquinaria y en la automatización de procesos, sin considerar que la mejor práctica es propiciar el desarrollo de las habilidades técnicas y personales del capital humano.

Logística de última milla

El comercio electrónico ha adaptado sus procesos en función de la demanda de sectores que se sirven de plataformas comerciales, donde las operaciones se ven obligadas a evolucionar sin tregua para satisfacer necesidades masivas y similares por productos diversos a gran cantidad de personas con preferencias distintas, determinadas por aspectos tales como marca, tallas, presentación del producto o promociones, entre otros. Una tarea que para el público resulta habitual y, en gran medida, sencilla, pero que para una empresa logística es la suma de esfuerzos tanto con sus proveedoras como con sus canales de distribución.

Las cadenas de suministro virtuales representan dos aristas equidistantes para una operación comercial: la comodidad en la experiencia de compra por parte del cliente y, para la operación logística, un reto constante en la adaptación de las cadenas de suministro y en el manejo de costos que debe afrontar en la preparación y el despacho de los pedidos. La globalización se sostiene en el desarrollo de medios para la comunicación, acortando las brechas socioeconómicas mediante el intercambio comercial. En la actualidad, muchas empresas han reformulado sus procesos de recepción, almacenamiento y despacho, así como la estructura de sus cadenas incorporando otros eslabones, nuevos agentes como los operadores logísticos que administran el surtido de pedidos a través de tiendas virtuales y lo transfieren directamente al fabricante, quien envía al cliente el producto con la etiqueta del agente intermediario. Este cambio en la cadena muestra algunos beneficios para las empresas intermediarias:

- **Costo de inventario.** La empresa transfiere la administración del inventario a la proveedora y evita los costos relacionados, como infraestructura y personal.

- **Oferta diversificada.** La empresa intermediaria, a través del portal de internet, puede ofrecer variedad de productos haciendo más flexible la experiencia de compra para su clientela.

- **Costo de transporte.** En una cadena de suministros tradicional se contempla el costo de transporte desde la empresa fabricante hasta la intermediaria y, luego, hacia el cliente. En una cadena virtual, el costo de transporte puede afectar directamente a los márgenes comerciales o se puede optar por cobrarlo a la clientela final.

En estas cadenas, la empresa cede el control directo del proceso de atención a la clientela y, como resultado, podrían sufrir problemas de confiabilidad de información, poniendo en riesgo la atención de los pedidos; la fabricante o mayorista podría no brindar la información exacta del inventario o usar la información que proporciona la intermediaria para ofrecer sus servicios y artículos directamente a los clientes. Estos riesgos, si bien forman parte de la estrategia, pueden minimizarse a partir de establecer contratos *tenders,* en los que se establecen las responsabilidades y obligaciones tanto de la empresa cliente como de su proveedora, asegurando el equilibrio en la operación sin estar expuestos a incumplimientos o perjuicios en la operación. La estructura de este tipo de cadenas es favorable cuando la demanda es muy volátil; la empresa proveedora podría condensar la incertidumbre de la demanda atendiendo a otros clientes y ofreciendo artículos con mejores costos y con probabilidades suavizadas de desabastecimiento.

Cada año, el comercio electrónico debe lidiar con los usos y costumbres de los segmentos de mercado que la empresa busca atender. La falta de estandarización de medidas y la diversidad de colores y texturas expone a las empresas fabricantes e intermediarias a que se presenten altos índices de devoluciones en un canal de venta que reduce cada vez más los márgenes y al cual la clientela recurre sabiendo que encontrarán mayores ofertas respecto a las tiendas físicas.

Las cadenas de suministro, por lo general, experimentan cambios en su estructura, toman medidas camaleónicas de recogimiento o de expansión tanto en sus operaciones como en sus integrantes que responden y anticipan a cambios comerciales, económicos, demográficos y otros.

La oferta aglomerada de bienes y servicios carente de un valor diferencial, el crecimiento desmesurado de la población y del parque automotor, especialmente en las ciudades, han despertado en el desarrollo operativo de las cadenas de suministro la necesidad de innovar en las formas de distribución de materiales, medidas que resultan correctivas y que deben cooperar en la solución a los principales problemas que enfrentan en la actualidad las empresas en las entregas de los pedidos: tráfico, horarios de entrega, zonas de acceso restringido para vehículos, volumen de pedidos, entregas fallidas y logística inversa, entre otros.

Los esfuerzos de mejora en la cadena de suministro están particularmente enfocados en la fase de distribución urbana, en la última milla. En este sentido, algunas empresas consideran la utilización de drones como un medio apropiado y una solución a corto plazo. Sin embargo, en algunas ciudades, la contaminación sonora y visual es tan alta que el uso de estos robots aéreos no contribuiría a solucionar el problema. Este tipo de medios podrían ser considerados para realizar entregas en zonas alejadas, aunque cobraría vital importancia el análisis de rentabilidad sobre la frecuencia, la distancia, el valor y el volumen.

Existen algunas acciones que al ponerse en práctica pueden mejorar los índices de eficiencia en las entregas, y reducir en consecuencia los sobrecostos por falso flete:

- **Entregas nocturnas.** Aunque la seguridad influya en esta nueva configuración del cómo, la fórmula nocturna permite reducir el caos vehicular y los costos asociados al despacho al optimizar los tiempos de entrega.

- **Centros de desconsolidación de carga.** La creación de centros logísticos en la periferia de las ciudades reduce los tiempos y desplazamientos en las entregas, los cuales pueden responder a una política de desarrollo en infraestructura pública o acuerdos colaborativos entre empresas privadas que aporten recursos y obtengan algún tipo de incentivo tributario.

- **Puntos de acercamiento o *lockers*.** Pueden implementarse en lugares públicos, como centros comerciales, gasolineras, centros empresariales, estaciones de tren o centros de estudios, entre otros. Esta modalidad reduce significativamente los costos de operación (preparación de pedidos y despachos), menores desplazamientos, despachos consolidados y números de viajes, descongestionando también la carga de operaciones en temporadas o picos de demanda.

- **Esquemas colaborativos.** Las plataformas virtuales de intermediación en los despachos recurren a unidades menores de transporte, como motocicletas y bicicletas, simplifican los tiempos de entrega y los niveles de emisión de CO_2, y son una medida complementaria a las entregas nocturnas y de los centros de consolidación de carga.

Estrategias en la cadena de suministros

Diseñar una adecuada estrategia de cadena de suministro ayuda a las empresas a minimizar riesgos y prosperar:

- **Saturación de mercado.** Algunas empresas tratan de estar presentes en gran parte de los puntos de venta. Para ello se deben entablar alianzas y garantizar condiciones favorables –tanto comerciales como operativas– para que los puntos de venta estén dispuestos a comercializar el producto que se ofrece al mercado.

- **Agilidad operativa.** No vamos a ser los primeros en introducirnos en el mercado, pero se debe tener la capacidad de reaccionar rápido ante los cambios que este demande; cambios que las cadenas convencionales quizá no puedan afrontar si no disponen de la flexibilidad necesaria, que resulta de integraciones horizontales.

- **Optimización logística.** El objetivo es ofrecer todo lo que busque la clientela en un solo lugar. Se trata de hallar un equilibrio entre la eficiencia operativa y lo que el cliente espera. El factor buscado y que sostiene a esta estrategia es el ahorro de tiempo para el cliente.

Decisiones de inventarios

¿Cuándo se debe fabricar y mantener en inventario?

- **Tecnología.** Si se elaboran productos con maquinarias sofisticadas, recurriendo a la automatización, la robótica y el control numérico, es recomendable fabricar todo el tiempo. No representaría ningún beneficio desaprovechar la capacidad instalada al considerar, también, que estos activos son muy costosos, lo que podría llevar a elaborar productos para mantener en nuestros almacenes. En cambio, podría considerarse fabricar bajo pedido en la medida que los costos fijos no dependan de la utilización de esta maquinaria.

- **Altos costos.** Para evitar la inmovilización de capital por el alto costo del artículo, deberemos considerar la producción bajo pedido.

- **Durabilidad y ciclo de vida.** Mientras más perecedero o corto sea el ciclo de vida del producto, la producción debe ser bajo pedido para evitar pérdidas a consecuencia de los excedentes.

- **Tiempo de ciclo.** Cuando el ciclo de producción es alto, es recomendable producir bajo pedido. Es probable que cuando este ciclo haya terminado y no se concrete una venta, el producto pase a ser obsoleto a corto plazo.

Análisis de casos del capítulo 1

Caso 1.1   Sector de electrodomésticos de gama blanca: nuevo mercado

Una nueva marca de electrodomésticos coreana desea introducirse en el mercado latinoamericano y vender en las principales ciudades del continente. La única modalidad de venta elegida es la plataforma virtual. Por tanto, se podrán hacer requerimientos desde cualquier punto vía internet, pero las entregas solo se harán en las dos ciudades más importantes de cada país.

La empresa fabricante necesita establecer la cadena de suministros que satisfaga los pedidos en el menor tiempo posible, buscando un equilibrio con los costos operativos. Teniendo en cuenta la plataforma de venta y el tipo de artículo, se requiere apoyar a la empresa en algunos aspectos.

Desarrolla los siguientes puntos:

1. **Diseña la cadena de suministros e identifica la ubicación de los distribuidores y de operadores logísticos si es que los llegas a considerar en tu esquema.**

   ➡ Teniendo en cuenta el volumen y peso de los electrodomésticos lo más conveniente sería optar por el transporte marítimo para el transporte hasta los centros de distribución ubicados en los países de Latinoamérica.

Podría trabajarse con empresas a cargo de la distribución de la marca y así reducir el riesgo que representa mantener inventario. Finalmente, el operador logístico brindaría el servicio de entrega a la clientela.

2. ¿Considerarías un abastecimiento centralizado o descentralizado? Sustenta tu respuesta planteando razones a favor y en contra de cada esquema.

➡ El tipo de actividad implica que la empresa fabricante coreana cuente con un centro de distribución o representante en cada país. Desde el punto de vista operativo, sería costoso gestionar el abastecimiento a la clientela desde Corea, es decir, se debería optar por el abastecimiento centralizado.

3. Bajo el esquema establecido, identifica los riesgos y plantea cómo los administrarías.

➡ El abastecimiento centralizado implica mantener inventario en cada almacén y sin una gestión oportuna la tecnología nos llevaría a la obsolescencia y la posible reducción de márgenes de ganancia. Para mitigar el impacto, resulta necesario gestionar los inventarios para reducir las probabilidades de roturas de *stock* y excedentes.

Caso 1.2   De la tienda física a la virtual

Veamos el caso de una tienda virtual que vende electrodomésticos, ropa, zapatillas, pequeños accesorios y artículos no tan fáciles de encontrar en una tienda física, que comenzó surtiendo todos los pedidos desde su centro de distribución. Los artículos eran previamente comprados a la empresa proveedora bajo un esquema tradicional de mercado, como si fuera una tienda física. Durante los cinco primeros años, los resultados financieros no fueron muy alentadores, y la empresa debió reinventar la operación de abastecimiento. En primer lugar, optó por eliminar la flota de distribución contratando los servicios de compañías de mensajería. No pasó mucho tiempo y los clientes manifestaban incomodidades por la demora en las entregas. De inmediato, la competencia empezó a ofrecer pagos por contrarrembolso, así como la recogida en tienda. Entonces la empresa, en la necesidad de responder a esta propuesta, evaluó su capacidad operativa.

Los electrodomésticos tienen un ciclo de vida comercial cada vez más corto. Una mala gestión y la falta de políticas de negociación pueden desencadenar excedentes de inventarios. En el caso que nos ocupa, este problema llevó a tomar acciones correctivas con las empresas proveedoras; el abastecimiento de artículos de baja rotación o margen pasó a ser atendido directamente por las proveedoras, lo que significó una reducción del 43 % del inventario y favoreció la liquidez. Dicho cambio en el proceso no solo fue operativo, también modificó el flujo de facturación. En la actualidad, esta tienda virtual sigue evaluando la consistencia de sus operaciones y midiendo los riesgos de la operación.

Surgen algunos cuestionamientos respecto a las decisiones tomadas al desarrollar estrategias de canal tradicional que se adaptaron por la presión del propio mercado y los costos operativos:

1. ¿Representa algún riesgo para esta tienda virtual que las empresas proveedoras atiendan directamente los pedidos de la clientela?

➡ Muchas marcas en Latinoamérica comenzaron por trabajar con los denominados *markertplaces* o mercados digitales, siendo estos una plataforma de venta virtual para empresas con un menor volumen de ventas.

Solicitarle a la empresa proveedora que atienda directamente los pedidos a la clientela ha traído consigo que los índices de recompra disminuyan al tener en cuenta que el cliente ya cuenta con la información de la empresa proveedora.

2. **¿Consideras necesaria la apertura de centros de distribución en otras ciudades, aparte de las capitales y principales?**

➡ La necesidad de apertura se definiría según el volumen de ventas en cada ciudad o que estas puedan servir de almacenes regionales para atender la demanda de zonas alejadas. Esto permitiría reducir los tiempos de atención y costos de transporte, aunque una administración deficiente de la demanda podría desencadenar excedentes y roturas de inventarios.

3. **¿Considerarías la apertura de tiendas físicas en las ciudades más importantes?**

➡ Para tomar la decisión debe considerarse los gastos de ventas e infraestructura y cómo estos contribuirían a incrementar los márgenes de ganancia para la empresa. Desde el aspecto logístico, la capacidad de almacenamiento de la tienda, la frecuencia de reposición, la accesibilidad y el costo de transporte serían las variables logísticas a tener en cuenta para determinar si es conveniente o no para la empresa la apertura de tiendas.

4. **¿Cuál sería tu propuesta de distribución para que la empresa mantenga un equilibrio entre los costos y las entregas a los clientes?**

➡ Existen casos de éxito al respecto en sectores de consumo masivo y minorista. Estas empresas emplean centros de recogida de pedidos cercanos a centros de estudios, estaciones de metro, tiendas de conveniencia y estaciones de servicio como gasolineras y fotolineras.

Si bien esta opción sirve para entregas de artículos de poco volumen, permiten a la empresa reducir los costos de despacho y, a los clientes, el tiempo de espera o elegir el momento para acercarse por la compra.

La pandemia de la covid-19 ha despertado la necesidad por innovar y buscar opciones eficientes para el despacho de mercancías; así, en la actualidad, podemos encontrar empresas cuyos colaboradores realizan los despachos a una cierta cantidad de clientes al finalizar la jornada de trabajo. Otras ofrecen a sus propios clientes descuentos adicionales para entregar un pedido a otro cliente que se encuentra cerca de su casa o lugar de trabajo.

Sea cual sea la alternativa elegida, la pandemia ha sido una oportunidad para replantear las formas de mejorar los tiempos de entrega sin incurrir en sobrecostos.

Caso 1.3   Sector de las tiendas de conveniencia: rotura de inventario

Se trata de una cadena de tiendas de conveniencia que opera en un país latinoamericano y que en la actualidad cuenta con 1.200 locales. Este formato pertenece a una embotelladora de bebidas gaseosas y ha sabido entender la demanda insatisfecha que ha generado la competencia, enfocándose en precios y en brindar productos propios de los usos y costumbres de la zona, como desayunos tradicionales de cada ciudad.

En comparación con otros establecimientos, lo que caracteriza a este formato de actividad empresarial es la variedad de productos. Aunque en la actualidad solo vende los refrescos de la embotelladora a la cual pertenece, y a un menor precio con respecto a los demás canales de venta, las roturas de inventario son constantes y la clientela no encuentra razón a tan incómoda situación. A partir de los conceptos aprendidos en este capítulo, contesta las siguientes preguntas:

1. **¿Identificas alguna estrategia de cadena de suministros?**

➜ Integración horizontal hacia adelante, porque la empresa embotelladora cuenta con locales de venta exclusiva de sus refrescos, lo que permite tener una mayor exposición de marca y mejorar los márgenes de ganancia al no trasladárselos a una empresa intermediaria.

2. **A partir de las estrategias identificadas, ¿cuál crees que sería el riesgo que debe afrontar este formato de tiendas?**

➜ Limitar la oferta al portafolio de productos disponibles por parte de la empresa fabricante podría generar una demanda insatisfecha que posteriormente podría ser atendida por la competencia.

3. **¿Qué razones encuentras para que los precios de los refrescos sean menores en comparación con otros canales de venta?**

➜ Que los refrescos se vendan a menor precio puede deberse a: 1) reducción de costo al ser el eslabón de venta de la empresa fabricante; 2) las bebidas podrían contar con una fecha menor de vencimiento y las tiendas ser el resultado de la aplicación de una logística inversa, es decir, haber recibido de otros canales de venta los productos próximos a vencer.

4. **¿Cuál es la importancia de la logística inversa para esta compañía? ¿Existe riesgo?**

➜ La tienda vende productos que se retiraron previamente de otro canal de venta, aplicándose una logística inversa. El riesgo está inmerso en la necesidad de contar con *stock* suficiente para cubrir la demanda, pero dependería de cuánto pueden retirar de otros canales de venta.

Cuestionario de autoevaluación

1. La incertidumbre en la cadena de suministros condiciona el nivel de inventario.

   a) Verdadero.   b) Falso.

2. En la cadena de suministros, la clasificación de los participantes del canal comercializador dependerá de los volúmenes de compra y venta.

   a) Verdadero.   b) Falso.

3. La sostenibilidad de la cadena de suministro no depende del intercambio de información.

   a) Verdadero.   b) Falso.

4. La trazabilidad y la logística inversa se encuentran relacionadas.

   a) Verdadero.   b) Falso.

5. Logística y cadena de suministros son dos conceptos iguales.

   a) Verdadero.   b) Falso.

6. La extensión de la cadena de suministros depende del tipo de actividad de la empresa.

   a) Verdadero.   b) Falso.

7. Riesgo e incertidumbre son iguales.

   a) Verdadero.   b) Falso.

8. El efecto látigo impacta en la gestión de inventarios de la cadena de suministro.

   a) Verdadero.   b) Falso.

9. Una cadena de librerías ha considerado trabajar con un abastecimiento centralizado para los libros de mayor rotación. La decisión a corto plazo podría generar excedentes de inventario.

   a) Verdadero.   b) Falso.

Véanse las respuestas en la página 231.

También se puede cumplimentar el test de autoevaluación en este enlace QR.

Capítulo 2

Pronóstico de demanda

Buscamos constantemente minimizar la incertidumbre de los mercados sirviéndonos de proyecciones que conjuguen variables de tipo cuantitativo y cualitativo, aquellas que se enriquecen por la información proporcionada por los participantes de la cadena de suministros. Desde pequeños siempre quisimos pronosticar el futuro. Esa ilusión que teníamos se fortalece hoy en nuestra necesidad de obtener mejores resultados.

Objetivos de aprendizaje

Este capítulo te permitirá:

☑ Identificar las variables que condicionan la elección de datos y métodos de pronóstico de demanda.

☑ Entender cómo la elasticidad de la demanda influye sobre la elección del método de pronóstico.

☑ Implementar el método de pronóstico más apropiado según la etapa del ciclo de vida de los artículos.

☑ Describir los resultados y administrar la efectividad del pronóstico a través de herramientas de monitoreo de error.

Los pronósticos son una fuente de información primaria en el diseño del plan estratégico de la empresa, que se fortalece con el trabajo integrado de las áreas operativas. Un primer esfuerzo lo realiza el área comercial al incorporar los datos subjetivos que se conocen acerca de los requerimientos de la clientela, la expectativa de la fuerza de ventas, la demanda potencial del mercado, las tendencias, las promociones y los esfuerzos de la competencia por mejorar su participación de mercado. Un trabajo similar aporta el área de finanzas anticipando el impacto de las variables económicas del mercado.

Esta información recopilada deberá ser validada con los recursos, volúmenes de compra, tiempos de atención, disponibilidad de empresas proveedoras y márgenes de rentabilidad. Aun cuando los pronósticos siempre estén equivocados y no sea tan sencillo desarrollar un método de pronóstico confiable, estos convergen con los objetivos de la cadena de suministros, que deben ser implementados pues afectan en gran medida a la disponibilidad de almacenamiento y financiera, así como al diseño de los planes operativos y funcionales. Se apela entonces a herramientas de medición del margen de error para favorecer la planificación: a corto plazo, para predecir al detalle la necesidad de materiales, mano de obra, servicios u otros recursos con el fin de responder a los cambios de la demanda; a medio plazo, en los planes de abastecimiento, y a largo plazo –sin mayor especificidad de los recursos–, para compromisos de inversión en infraestructura o maquinaria, como se esquematiza en la figura 2.1. En caso de incurrir en altos riesgos, debe tenerse mucho cuidado al derivarlos a través de diversos métodos.

Para incrementar los márgenes de rentabilidad, muchas empresas gestionan la innovación de sus productos ofreciendo razones adicionales de compra. Estas originan que la demanda sea más impredecible y acortan, igualmente, el ciclo de vida. La competencia podría responder de inmediato, mientras que la variabilidad de la demanda no deja de ser ajena a las consecuencias. Aunque la demanda de un producto o servicio sea más estable y predecible, el proceso de abastecimiento no necesariamente será controlable, aspecto que dificulta la atención de la demanda.

Los métodos de pronósticos cuantitativos son aplicables solo a artículos con demanda independiente y sirven de información para tomar decisiones futuras en el presente, pues contribuyen a visualizar la continuidad de las operaciones y a diseñar planes de abastecimiento, flujo financiero y las cuotas de la fuerza de ventas, que mayormente se enfocan en los artículos de mayor rotación y margen, lo que distorsiona la demanda de los restantes y genera dificultades en el despacho a través de los cuellos de botella.

Para comprender la importancia de un error de pronóstico es necesario entender que las proyecciones a largo plazo contemplan una desviación estándar mayor en relación con la media de los pronósticos a corto plazo. Es recurrente encontrarse con dudas respecto al historial de datos cuantitativos a considerar en las herramientas de proyección. Para comprenderlos, es im-

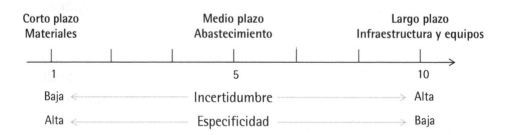

Figura 2.1. Pronósticos. Mientras mayor sea el horizonte de pronóstico, mayor será la incertidumbre.

prescindible identificar y representar con gráficos dichos datos para determinar si hay o no un patrón en la demanda que muestre factores cíclicos, estacionales, aleatorios, horizontales o de tendencia. También es necesario describir si existe una exposición a variaciones de tipo cualitativo como consecuencia del dinamismo del mercado, precios y promociones que se encuentran inmersos en las tendencias que responden al proceso mecánico de división e identificación de variables aleatorias y sistemáticas. Las primeras se manifiestan generalmente por medio del error de pronóstico, mientras que las segundas representan la eficiencia del método de pronóstico.

Los ciclos son normalmente influenciados por condiciones económicas y por el período de comercialización. Ambos dificultan el pronóstico de la demanda porque son sensibles a factores no controlables por la empresa. Los patrones de tendencia, estacional, de ciclo y horizontal coexisten y definen patrones en el tiempo para la demanda de un artículo o servicio. Por su parte, la variación aleatoria responde a causas fortuitas del mercado que representan la justificación por la cual los pronósticos suelen ser errados. En la figura 2.2 se muestran los cuatro primeros patrones de demanda; se debe tener en cuenta que toda serie de datos puede contener la combinación de estos patrones.

De los pronósticos se desprenden procesos agregados que, por lo general, son más precisos que los individuales o desagregados, ya que tienden a una desviación estándar menor del error en relación con la media, y el grado de complejidad es menor al pronosticar una familia de artículos a partir de la agregación de datos. Para calcularlos se puede trabajar relaciones causales y recursos estadísticos de regresión y correlación; por ejemplo, la venta de repuestos de maquinaria pesada está estrechamente relacionada con el crecimiento o recogimiento de los sectores productivos y extractivos que requieren de ellos, mientras que los esfuerzos por obtener datos que faciliten la gestión de abastecimiento delinean métodos de pronósticos basados en esquemas desagregados que determinan las necesidades por materiales, canal de ventas y clientela, descifrando si el método predice con precisión el componente sistemático de la demanda.

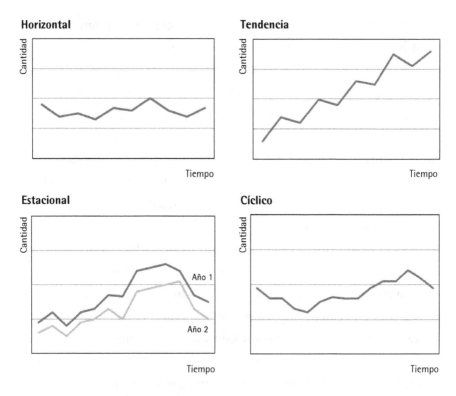

Figura 2.2. Patrones de demanda. Según el comportamiento de la demanda se puede identificar los métodos que tendrán mayor exactitud.

Un artículo tiene demanda determinística cuando no requiere mayor esfuerzo para pronosticarla; es decir, la demanda se conoce con certeza. En cambio, si la demanda está sobreexpuesta a riesgos e incertidumbre, será necesario emplear métodos probabilísticos, para lo cual existen diversas herramientas de pronóstico que van desde las más sencillas hasta las de mayor grado de complejidad matemática. Están aquellas que poseen marcados esfuerzos por caracterizar datos pasados para trasladar ciertos patrones mediante enfoques matemáticos, así como las proyecciones sencillas del desempeño histórico a través de promedio móvil o suavizado exponencial. Pero, sin importar la técnica, en ellas se encuentra implícita la opinión o consenso sobre variables cualitativas apelando a la participación de personas conocedoras de la actividad que tienen la capacidad de leer los cambios a corto plazo.

En la administración de los pronósticos pueden surgir actividades estratégicas como resultado de una revisión del método de pronóstico motivada por la necesidad de anticipar el error, determinando que el modelo podría no ser el más apropiado porque en él se identifican nuevos efectos en la tendencia o en la estacionalidad que deberían incluirse, eliminarse o quizás hasta optar por una nueva herramienta de proyección que se adecue más a estos cambios.

Etapas y participantes del proceso de pronóstico

Antes de iniciar el proceso de pronóstico desagregado, es imprescindible identificar la etapa y los datos de la demanda histórica de los artículos para determinar cuán significativos son sobre el período que se desea estimar y, así, facilitar la elección del método cuantitativo.

Estimar la demanda de un artículo que se acaba de introducir en el mercado podría tomar como referencia cuantitativa la demanda de productos similares. Se podría definir el nivel de inversión operativo y comercial para establecerlo como punto de equilibrio. En esta etapa, la falta de información histórica nos podría llevar también a métodos cualitativos como las encuestas y a otros de mayor desarrollo como el Delphi, que permitan predecir con mayor certeza el comportamiento de la demanda de los artículos (véase la tabla 2.1). No contar con la información más adecuada podría significar el cierre anticipado del ciclo de vida del producto.

La demanda puede crecer como resultado de acciones integradas que se desarrollan entre el área comercial y de operaciones. Ambas convergen para responder ante las necesidades de los clientes, quienes han incluido este nuevo artículo en su presupuesto de compra y han comenzado a generar un patrón de comportamiento a través de datos que, bien identificados, pueden extrapolarse utilizándose el método de regresión lineal y multiplicativo, que corrige el pronóstico mediante un factor de tendencia.

En la etapa de maduración, la demanda se torna más predecible y con menor variabilidad, pudiéndose recurrir a métodos de menor complejidad,

Etapa	Métodos de pronóstico
Introducción	Encuestas y Delphi
Crecimiento	Regresión lineal, multiplicativo y opinión de expertos
Maduración	Promedio móvil, suavizado y ponderado
Recogimiento	Regresión lineal, multiplicativo y opinión de expertos

Tabla 2.1. Métodos de pronóstico según el ciclo de vida.

como el promedio móvil, el suavizado y el promedio ponderado, para que el pronóstico responda sin mayor dificultad a la demanda real.

Cuando la demanda empieza a decaer y se acerca al cierre del ciclo de vida, los factores que condicionan la tendencia de recogimiento pueden entenderse con mayor facilidad al aplicarse los mismos métodos que anteriormente se consideran en la etapa de crecimiento. Se refuerzan así los resultados al tener en cuenta la opinión de los expertos que nos permitirá anticipar cambios inesperados como consecuencia de factores económicos, comerciales y ambientales propios del mercado.

El pronóstico de la demanda debe desarrollarse en cinco etapas –dependientes entre sí–, tomando como punto de partida el margen de error de la herramienta de pronóstico elegida hasta la definición de las cuotas de venta por vendedor y canal de venta.

Plan de agotamiento

Los pronósticos deben monitorearse a partir del cumplimiento de los objetivos establecidos para cada etapa del ciclo de vida de los artículos, estos objetivos pueden estar vinculados al saldo de inventario y márgenes esperados al cierre de cada etapa que permitan prever acciones preventivas o correctivas ante los cumplimientos.

Etapa	Días	Objetivo	Real	Acción
Introducción	0 - 45	10 %		
Crecimiento	46 - 90	40 %		
Maduración	91 - 150	70 %		
Declive	151 - 180	100 %		

Tabla 2.2. Plan de agotamiento. El seguimiento de cada etapa permite asegurar la disponibilidad de inventario, reduciéndose la posibilidad de rotura y excedente.

El área comercial de una empresa de calzados definía las promociones o descuentos según el avance de la venta del mes y, si bien los resultados se reflejaban en el corto plazo, estas acciones ocasionaban un desorden en las operaciones de abastecimiento y una percepción inadecuada por parte de la clientela respecto al manejo y duración de las acciones comerciales.

Para revertir la situación y trabajar bajo un plan de agotamiento se establecieron objetivos por cierre de cada etapa del ciclo de vida por modelo y marca, como se muestra en la tabla 2.2, al cierre de la primera etapa se esperaba reducir el inventario en un 10 % y al cierre a los 180 días las existencias tendrían que ser igual a cero. Si lo real difería del objetivo se debían tener establecidas las acciones comerciales que permitieran corregir y lograr los objetivos sobre el último período del ciclo de vida.

Para tener un mejor entendimiento, los resultados se reforzaban con indicadores como rotación y cobertura. Cuanto mayor sea la información de que se disponga mejor será la toma de decisiones.

Medición del margen de error

El error de pronóstico debe ser anticipado a través de herramientas de medición que permitan acentuar si el método de pronóstico contribuye o no a lograr los objetivos de la administración del inventario, replanteando quizás esas variables que fueron elegidas previamente y que no han respondido de manera adecuada al aplicarlas. Antes de pronosticar el futuro, debe entenderse si los métodos responden al comportamiento de la demanda, estimándose períodos previos cuya demanda real ya es conocida. En la figura 2.3 se esquematizan las etapas del pronóstico.

- **Selección de datos**

  Constantemente nos cuestionamos si la cantidad de datos elegidos es la correcta. Diversas fuentes bibliográficas recomiendan tomar la mayor cantidad de datos históricos para absorber las desviaciones que se presentan en las variables sistemáticas del pronóstico, mientras que algunas otras detractoras resaltan la importancia de identificar

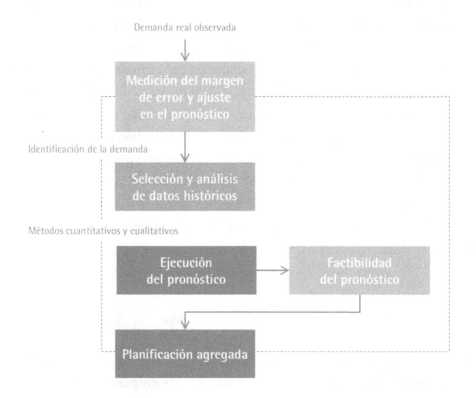

Figura 2.3. Etapas del pronóstico.

la naturaleza de la demanda del artículo porque esta condiciona el resultado del margen de error de los métodos de pronóstico. Por lo tanto, cuando la demanda por un artículo no es constante, arrastra en su estructura distintos componentes aleatorios que no permiten determinar un patrón de comportamiento en el tiempo, en los que se debe considerar la cantidad de datos más representativa sobre el período de pronóstico.

- **Ejecución del pronóstico**
  Al pronosticar la demanda, es recomendable trabajar con dos o más métodos que se complementen o compartan las características de elección de datos y variables de comportamiento que permitan advertir y condensar los supuestos de demanda. Teniendo en cuenta que los pronósticos representan valores de referencia a futuro para la planificación del abastecimiento y la operación de la cadena, las cantidades se convierten en un compromiso de compra sujeto a posteriores correcciones periódicas, disipando el impacto propiciado por los factores propios de la incertidumbre y la operación.

- **Factibilidad del pronóstico**
  El área de finanzas debe evaluar y determinar si son viables las cantidades requeridas tomando en consideración tanto la cobertura del inventario como el retorno de la inversión y concluyendo si contribuye o no a la liquidez de la empresa. Mientras tanto, el área de compras confirmará la disponibilidad del requerimiento en el mercado proveedor, y el área comercial determinará el potencial de la demanda en el mercado comercializador.

- **Planificación agregada**
  La planificación agregada permite establecer la escala de cuotas de ventas por canales, clientela y artículos, propicia la oferta de los artículos de la empresa y mantiene un orden en el flujo de las operaciones.

Consecuencias de la elasticidad de la demanda

La demanda no siempre es constante. En ocasiones presenta fluctuaciones que responden a factores que escapan a cualquier análisis, atribuyéndole un alto grado de exposición a la incertidumbre. Cuando un artículo tiene demanda inelástica, como se muestra en la figura 2.4, podrá identificarse con mayor facilidad entre sus componentes factores aleatorios, de tendencia y estacionales que, al no ser tan sensibles a las variaciones del mercado, destacan por su bajo grado de complejidad en la proyección y favorecen el margen de exactitud.

Dentro de esta categoría podrían considerarse los artículos de primera necesidad, aquellos que mantienen la esencia de su demanda sin mayor

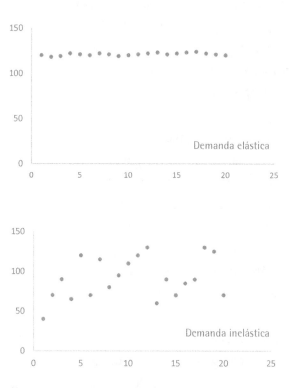

Figura 2.4. Elasticidad de la demanda. La elasticidad permite identificar el método que mejor podrá identificar los patrones de comportamiento de la demanda.

dispersión, ignorando parcial o totalmente los elementos que la afectan. En cambio, la demanda por un artículo es elástica cuando presenta un alto grado de incertidumbre y variación en cuanto al cumplimiento del tiempo y la cantidad pronosticada, recurriéndose a métodos de mayor complejidad para el pronóstico.

La elasticidad permite determinar cuán sensibles son los artículos con demanda probabilística a factores ambientales, económicos y comerciales. Un cambio en el inicio de las temporadas podría alterar la demanda de los artículos, haciendo cada año del pronóstico una tarea compleja, especialmente en industrias estacionales. La variación en la tasa de inflación y el tipo de cambio incrementan o recortan la demanda en el mercado, mientras que la mejora en el producto interior bruto (PIB) no garantiza que tenga un efecto positivo sobre la demanda. Si en la actualidad compras una marca de zapatillas, no necesariamente comprarás más pares de la misma marca como consecuencia del incremento de la capacidad de gasto; quizás esa decisión pase por comprar aquella marca que antes no podías pagar. Por lo tanto, la demanda podría migrar hacia el artículo o marca líder en el mercado, pero también podríamos recibir a nuevos clientes que antes no podían comprar nuestro producto. Entonces, ante este tipo de situaciones, la clave es tener claramente identificada nuestra participación y potencial de crecimiento en el mercado.

Métodos cuantitativos de pronóstico

Pese a la diversidad de métodos disponibles para la programación de la demanda, estos deben trabajarse a medida que se hayan identificado las características de la demanda y los factores que influyen en ella. Generalmente, es posible utilizar información relacionada con la demanda histórica para estimar el comportamiento futuro, la cual se puede descomponer en sus elementos conocidos, como son la media aritmética, la tendencia, la estacionalidad, el ciclo y la correlación. Lo restante son aquellos elementos de la demanda que no se pueden explicar, entendiéndolos como variaciones aleatorias causadas por eventos fortuitos.

Mediante la correlación se puede determinar el grado de dependencia de los elementos conocidos de la demanda con los aleatorios. Cuando la demanda de un artículo es elástica, es probable que varíe en gran medida en un corto período; por el contrario, cuando la presencia de una correlación es muy alta, no se espera que la demanda tenga un cambio tan abrupto.

Las líneas de tendencia sirven de referencia para elegir cuál de los métodos se adecua más al comportamiento estimado, dónde estas líneas se ajustan a partir de los efectos estacionales, cíclicos y otros que puedan influir sobre el resultado. La figura 2.5 muestra el tipo de tendencias a tener en cuenta en toda proyección.

Una tendencia lineal es una relación continua de la demanda, que se puede mostrar a través de un patrón creciente o de recogimiento. Por su parte, una curva S es típica del crecimiento y ciclo de madurez de un producto. Una tendencia asintótica empieza con el crecimiento más alto de la demanda en un principio, pero posteriormente se reduce. Es fácil encontrarse con una curva exponencial cuando los artículos experimentan un crecimiento explosivo y continuo.

Sobre la base de estas líneas de tendencia, en la tabla 2.3 se describen los principales métodos cuantitativos de pronóstico y las consideraciones que debemos tener en cuenta para entenderlos y saber cuándo emplear cada uno de ellos.

Veámoslo con un ejemplo. Una empresa comercializadora de helados me encargó la tarea de evaluar el mejor método de pronóstico de demanda en sus artículos de consumo masivo y, como ocurre en gran parte de las compañías, esta acudía al promedio móvil para estimar la demanda real (Dr) de sus clientes, generando –a través de esta información– planes no tan efectivos en el abastecimiento y en la producción de corto y medio plazo. Entonces, identificaron desequilibrios en los niveles de inventarios que no garantizaban la atención de los picos de demanda, cediendo mercado y permitiendo el crecimiento de las empresas competidoras.

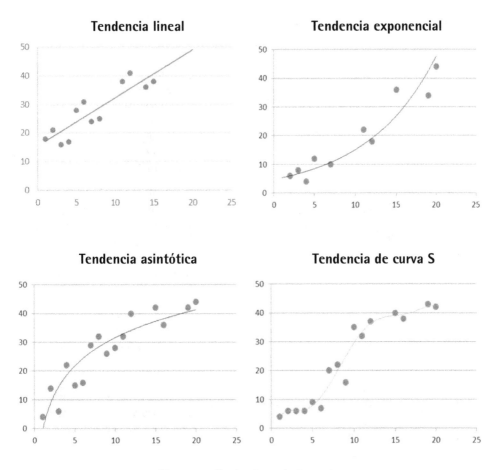

Figura 2.5. Tendencias en la demanda.

Los datos de demanda histórica componen una fuente sólida de información para las herramientas de pronóstico que, en comparación a las ventas, llegan a acentuar la demanda insatisfecha. No podemos pronosticar sobre la cantidad vendida. Entonces, resulta necesario afinar los procesos de recolección de datos para identificar aquellas ventas que no llegaron a concretarse por falta de inventario. En la tabla 2.4 se presentan los datos de los últimos doce meses que servirán para estimar la demanda empleando los métodos cuantitativos de pronóstico descritos en la tabla 2.3.

Método	Descripción del método	Consideraciones
Promedio móvil	Basado en el promedio aritmético de datos cuantitativos	Planificación a corto y medio plazo de artículos con demanda inelástica
		Los datos son planos, no tienen ciclos ni componentes de tendencia o estacionalidad; el pronóstico se desfasa un período a partir del último dato
Ponderado	Asignación de pesos para los datos a partir de la importancia que estos tienen sobre el período a pronosticar	Es necesario identificar los datos que más influirán sobre el período a pronosticar; no hay una regla escrita para la elección; estos pueden ser los más recientes o los del mismo mes, semana o día del año anterior
Suavizado exponencial	Similar al ponderado, con mayor énfasis en el dato más reciente, corrigiendo la diferencia entre cantidad pronosticada y demandada	De gran utilidad a corto plazo al ajustar los pronósticos considerando la demanda real para el período
Regresión lineal	Correlaciona la demanda con variables propias del sector que influyen sobre los resultados	La ecuación de la recta condiciona el pronóstico a un crecimiento o recogimiento en la demanda
Multiplicativo	El método reconoce que las series de tiempo están conformadas por un componente irregular, estacional y de tendencia	Requiere la mayor cantidad de datos para conocer las variables cualitativas que afectaron al comportamiento histórico de artículos con demanda elástica

Tabla 2.3. Métodos de pronóstico de demanda.

Período	1	2	3	4	5	6	7	8	9	10	11	12
Demanda real (Dr)	220	245	250	140	100	80	90	96	103	107	140	170

Tabla 2.4. Demanda histórica de doce períodos.

El desconocimiento y la necesidad de administrar la demanda llevan a responsables de gestión de inventarios a simplificar el análisis y tan solo considerar la demanda real del último período para replicarlo como pronóstico. De esta manera, si la demanda del mes 12 ha sido de 170 unidades, el pronóstico para el mes 13 será la misma cantidad. Finalmente, si al término del período, la demanda real fuera una cantidad distinta, esta sería tenida en cuenta para el siguiente período.

Esta consideración empírica de datos puede adaptarse al tomar la tendencia en la demanda. El crecimiento o recogimiento observado en la demanda de los dos últimos períodos se usa para ajustar la demanda actual. Si la demanda del período 12 fue de 170 unidades y la del 11 de 140 unidades, el crecimiento de un período a otro fue de 30 unidades, por lo que el pronóstico para el siguiente período sería de 170 + 30 = 200 unidades. Si la demanda real para este período fuese de 195, el pronóstico para el período 14 sería 195 + 25 = 210 unidades.

También se pueden considerar patrones estacionales. Si la demanda en enero (1) fue de 220 unidades, esta sería la cantidad para considerar como pronóstico para el mismo mes del año siguiente. Este método es funcional cuando los patrones de tendencia y estacionales son estables y no muestran mayor dispersión. Cuando no sucede así, el uso de la demanda del último período podría generar pronósticos con poca exactitud.

Para elegir el método que más se adecue a estos datos, es necesario llevarlos a un gráfico para observar al detalle si la demanda muestra altibajos periódicos, ligeros ciclos estacionales y tendencias, los cuales nos llevan a deslizar algunas hipótesis, anticipar que ciertos modelos tendrán mayor eficiencia sobre los pronósticos y analizar los resultados mediante el margen de error (figura 2.6).

A partir de los métodos descritos en la tabla 2.3 y los datos mostrados en la 2.4 se describirán el desarrollo de cada método, las principales consideraciones respecto a la elección de datos, así como para la interpretación de resultados.

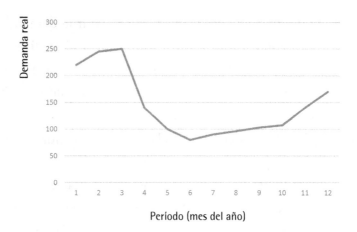

Figura 2.6. Comportamiento de la demanda.

Promedio móvil

Este método supone que los datos de la serie de tiempo son estables –no presentan variaciones significativas entre uno y otro–; a todos se les toma por el mismo grado de importancia para el período a pronosticar (Pr), y se recurre así a una expresión matemática elemental como es la media aritmética. En este ejemplo, para utilizar el promedio móvil se reemplazan los cuatro últimos datos históricos en la fórmula 2.1, con la finalidad de determinar la demanda para los tres próximos meses:

$$Pr = \frac{x_1 + x_2 + x_n}{n} \qquad (2.1)$$

$$Pr_{13} = (170 + 140 + 107 + 103)/4 = 130$$

$$Pr_{14} = (130 + 170 + 140 + 107)/4 = 137$$

$$Pr_{15} = (137 + 130 + 170 + 140)/4 = 144$$

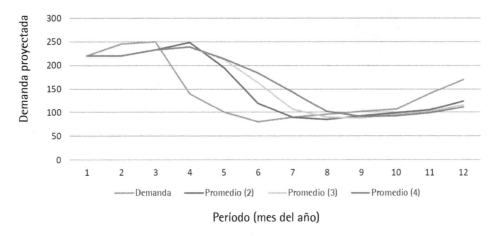

Figura 2.7. Promedio móvil según cantidad de datos.

También podemos trazar el promedio móvil con dos y tres datos respecto a la demanda real histórica. Al compararlos, se identifican los conflictos que suelen presentarse por elegir la cantidad apropiada de períodos: cuanto mayor sea la cantidad de datos, más se uniformará la aleatoriedad de la demanda; en cambio, si existieran tendencias repentinas de crecimiento o recogimiento entre los datos, como se muestra en la figura 2.7, el efecto para un período corto de pronóstico nos dejaría más expuestos a la probabilidad de error. Este método tendrá siempre un retraso respecto a la tendencia, demora que dependerá del número de datos elegidos. Al incluir una menor cantidad de datos, la respuesta se torna más pareja, pero con cierto retraso en la tendencia.

Este método tiene, además, un retraso sobre los patrones de ciclo y no identifica con certeza las variaciones estacionales. Estas limitaciones explican por qué es más común que el promedio móvil se utilice para pronosticar la demanda a corto plazo.

Como consecuencia de tener un artículo con demanda elástica, y al haber descrito que la elección de una mayor cantidad de datos expone a una mayor variabilidad al pronóstico, se puede considerar que el método responde según la duración de los ciclos, mostrando en este caso períodos bimestrales. Con tal consideración, en la tabla 2.5 se resuelve el pronóstico de los doce meses.

Período	Demanda	Pronóstico
1	220	220
2	245	220
3	250	233
4	140	248
5	100	195
6	80	120
7	90	90
8	96	85
9	103	93
10	107	100
11	140	105
12	170	124

Tabla 2.5. Pronóstico promedio móvil con dos datos.

$$Pr_{13} = (170 + 140)/2 = 155$$

$$Pr_{14} = (155 + 170)/2 = 163$$

$$Pr_{15} = (163 + 155)/2 = 159$$

Promedio ponderado

En comparación con el anterior, este método permite establecer mediante una escala de ponderación (W) la importancia de cada uno de los datos –correlacionados o no con variables exógenas– y cómo influyen sobre el período que se pretende proyectar:

$$Pr = (X1.W1) + (X2.W2) + ... (Xn.Wn) \tag{2.2}$$

Estos ponderados no se establecen a libre albedrío. Pueden tener como punto de inicio la suma de la cantidad de datos históricos que estamos considerando en el cálculo (tabla 2.6). En este caso, al elegir cuatro datos se obtiene 10 como resultado de la sumatoria; de optar por cinco datos, el resultado cambiaría a 15. Es así que, al dividir cada dato entre el total, obtendremos el ponderado para reemplazar en la fórmula 2.2.

En el proceso de elección de datos tal vez se ignoren muchos períodos, a los que se les atribuye una ponderación de cero. El esquema de ponderación puede estar en cualquier orden, donde los datos más distantes podrían tener ponderaciones mayores que los más recientes, lo cual dependerá de los elementos de la demanda histórica y del comportamiento que se espera de aquel, considerando que el menor ponderado (0,1) nos indica que el dato tiene menos injerencia en el resultado, mientras que el mayor ponderado (0,4) se asigna al dato que más influye sobre el período a pronosticar, donde la suma de todas las ponderaciones debe ser igual a la unidad. Así:

$$\sum_{i=1}^{n} Wi = 1$$

Se debe tener en cuenta que no todos los datos son relevantes. En este caso, para proyectar la demanda de helados para el mes de enero (período

Datos	Ponderado
1	0,1
2	0,2
3	0,3
4	0,4
10	1

Tabla 2.6. Estimación de ponderados.

25 en la tabla 2.7) se debe excluir períodos que no se hallen dentro de la estacionalidad, eligiendo los tres datos que más se asemejen respecto al período a estimar y al mismo mes del año anterior (1), así como priorizando el tipo de mercado, artículo y demanda. Por lo tanto, al reemplazar los datos en la fórmula resulta en:

$$Pr_{24} = (0{,}4{\times}187) + (0{,}3{\times}140) + (0{,}2{\times}107) + (0{,}1{\times}103) = 149$$

$$Pr_{25} = (0{,}4{\times}220) + (0{,}3{\times}170) + (0{,}2{\times}140) + (0{,}1 {\times}107) = 178$$

Período	Demanda real	Ponderado
8	97	
9	105	
10	110	
11	136	
12	187	
13	**220**	
14	245	
15	250	
16	140	
17	100	
18	80	
19	90	
20	96	92
21	103	97
22	**107**	103
23	**140**	117
24	**170**	149

Tabla 2.7. Pronóstico ponderado.

La elección de los ponderados podría variar a partir de la información cualitativa que se recoja de las áreas operativas. Asimismo, los datos podrían estar sesgados como consecuencia de promociones que propicien una demanda distinta al patrón de comportamiento, debido, igualmente, a problemas en el abastecimiento –tanto en el proceso productivo como en el comercial– que no permiten responder a la demanda real. Por lo general, el pasado más reciente es el punto de referencia más confiable de lo que se espera en el futuro, asignándosele una ponderación más alta.

No obstante, en los productos con demanda estacional –como los helados– puede considerarse al mismo mes del año anterior como el dato más representativo (la 220 en la tabla 2.7), y dejar de lado a diciembre pese a ser el dato más reciente (170). También podría optarse por un pronóstico desagregado por semanas. De ser así, el primer dato a considerar sería la semana más reciente y la misma semana del año anterior. En cambio, para determinar la demanda de arroz es probable que la elección y el orden de los datos sean distintos.

Suavizado exponencial

El suavizado exponencial permite ajustar el pronóstico (Pr) sobre la demanda real (Dr), que pueden corregirse sobre la base del error de pronóstico bajo la posibilidad de calcular un nuevo promedio a partir de otro antiguo y de la demanda observada más reciente, incluyéndose una constante de uniformidad (α) o ponderación que establece la capacidad de reacción frente a las diferencias entre los pronósticos y la demanda real.

Este es el método más apropiado para artículos con demanda no sensible a tendencias o estacionalidades, capaz de responder a caídas o incrementos repentinos, y que se asemeja al método de promedio ponderado al suponer que la serie de tiempo es plana, que carece de ciclos y componentes de tendencia o estacionalidad. En este caso, el pronóstico también se desfasa por una cierta cantidad de períodos a partir del valor asignado de ponderación para el promedio suavizado.

Para estimar la demanda del período 12, el promedio de los dos últimos meses es de 103 unidades y la demanda real es de 140 unidades. Por lo tanto, el promedio debería estar entre estas dos cantidades, pero el pronóstico con la utilización del suavizado dependerá de cuánto peso se desee atribuir a cada variable.

$$Pr_t = \alpha(Dr_{t-1}) + (1 - \alpha)(Pr_{t-1}) \tag{2.3}$$

Como factor, asignaremos que α es igual a 0,8, $Dr = 140$ y $Pr = 103$. Al trasladar estos datos a la ecuación 2.3, se obtiene que $Pr_{12} = 133$, y el resultado puede variar según el valor de α que se utilice. Si deseamos que el pronóstico tenga una mayor respuesta a la demanda reciente, se deberá escoger un valor de α mayor. Véase la secuencia en la tabla 2.8.

Período	Demanda real (Dr)	Pronóstico (Pr)	Promedio de pronóstico (2)
1	220	210	210
2	245	218	214
3	250	239	228
4	140	246	242
5	100	160	203
6	80	121	141
7	90	92	106
8	96	93	93
9	103	95	94
10	107	101	98
11	140	105	103
12	170	133	119

Tabla 2.8. Pronóstico mediante suavizado exponencial.

Para estimar la demanda del período 13, tomaremos la demanda real del último período (170) y el promedio de los dos últimos pronósticos (119). El factor alfa es un valor subjetivo que se asigna a razón de la injerencia de las variables cualitativas inherentes al mercado, tanto en la demanda del último período como en la que estamos por pronosticar. Al tomarse la demanda real, estamos condicionando este método como una herramienta de corto plazo.

$$Pr_{13} = (0,8 \times 170) + ((1 - 0,8) \times 119) = 159$$

Otra manera de estimar la demanda a través del suavizado se deriva del último pronóstico y del error obtenido respecto a la demanda real, manteniendo tal cual el signo del error.

$$Pr_t = Pr_{t-1} + \alpha(Dr_{t-1} - Pr_{t-1}) \tag{2.4}$$

Por ejemplo, al tomar los datos de la tabla 2.7 se observa un pronóstico de 133 unidades para el período 12, mientras que la demanda real de este período fue de 170. En este caso se tiene un error de $Dr - Pr = 37$ unidades. Al considerar como valor de $\alpha = 0,8$, tan solo añadiremos el 80 % de este error para el siguiente pronóstico. Por lo tanto, la cantidad estimada para el período 13 es igual a:

$$Pr_{13} = 133 + 0,8 \, (37) = 163$$

Este método tiene como principal desventaja que no responde adecuadamente a los cambios en la demanda. Estos se retrasan y dependerán del valor de alfa, como se muestra en la figura 2.8, pero sufren mayor distorsión cuando ocurre un cambio drástico en la dirección: cuanto más alto sea el valor de alfa, más cercano a la realidad será el pronóstico, comparándose el sesgo y la desviación de cada período. Desafortunadamente, el suavizado exponencial simple no siempre se puede utilizar en la práctica debido a

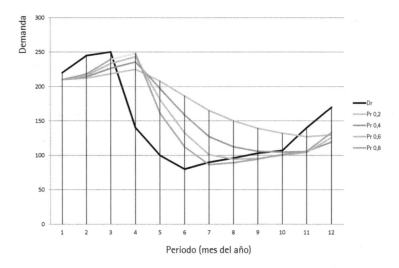

Figura 2.8. Suavizado exponencial según valor de alfa.

tendencias o a efectos estacionales en los datos y a la dependencia por la demanda real del último período. Entonces, resulta útil ajustar el valor de alfa, siendo este método un pronóstico adaptativo.

Como procedimiento para elegir el valor de alfa, se debe tener en cuenta que estará en el rango de 0 y 1. Si la demanda real es inelástica, es recomendable considerar un valor pequeño de alfa para reducir los cambios a corto plazo o aleatorios. Por otro lado, si la demanda aumenta o disminuye en cortos intervalos de tiempo, sería importante tomar un valor alfa mayor para responder a los cambios; también sería apropiado estimar qué valor de alfa se debe usar en adelante. Lamentablemente, al ser la demanda un elemento inconstante, es probable que, al inicio, el factor establecido a corto plazo no influya significativamente en el pronóstico. Para determinar el valor de esta constante, puede tenerse en cuenta el error entre el pronóstico y la demanda real. Según la brecha de error, se asignará un valor grande; en tanto, si el error no es muy significativo, la constante de suavizado podría tener un valor cercano a 0,2.

Las tendencias influyen de modo directo en el resultado del pronóstico exponencial, sufriendo un retraso en las ocurrencias de la demanda real.

Para adaptarlo, estas pueden corregirse al ajustarse los valores respecto a dichas tendencias e incorporando una constante de suavizado delta (δ). Si no se incluyera ni alfa ni delta, la tendencia reaccionaría de manera exagerada ante los errores. La ecuación para calcular el pronóstico agregándose la tendencia *(PRT,* pronóstico más tendencia) es:

$$PRT_1 = Pr_{t\text{-}1} + T_{t\text{-}1}$$

$$Pr_t = PRT_{t-1} + \alpha(Dr_{t-1} - PRT_{t-1})$$

$$T_1 = T_{t-1} + \delta(Pr_1 - PRT_{t-1}) \qquad (2.5)$$

Consideremos un ejemplo de 132 unidades, con una tendencia de 30, un valor de alfa de 0,20 y un delta de 0,30. Si la demanda real es de 170, en lugar de los 132 proyectados, vemos cómo determinar el pronóstico para el siguiente período:

$$PRT_{t-1} = 132 + 30 = 162$$

$$Pr_1 = 162 + 0{,}2(170 - 162) = 163{,}6$$

$$T_1 = 30 + 0{,}3(163{,}6 - 162) = 30{,}5$$

$$PRT_1 = 163{,}6 + 30{,}5 = 194{,}1$$

Si la demanda real para el período fuera de 190 unidades, en comparación con las 194 unidades estimadas, la secuencia se repetiría y el pronóstico para el período sería:

$$T_1 = 194{,}1 + 0{,}2(190 - 194{,}1) = 193{,}08$$

$$T_{t-1} = 30{,}5 + 0{,}3(193{,}8 - 194{,}1) = 30{,}41$$

$$PRT_{t-1} = 193{,}08 + 30{,}41 = 223{,}49$$

Regresión lineal

A través de este método se extrapola el comportamiento pasado como una constante de crecimiento o recogimiento en la demanda. Se define como una limitante de la ecuación que explica el punto de origen de la demanda.

Una relación entre variables nunca será determinística pese a correlacionar la demanda del artículo con dos o más variables que condicionan su comportamiento, como la inversión en publicidad, la cobertura de locales y la presencia de la fuerza de ventas. En algunas ocasiones se omiten algunas de estas porque se las considera poco importantes o porque no se cuenta con la información suficiente, como sucede con el total de horas de trabajo y el gasto de ventas, entre otros. Sin embargo, dichas variables tienen un efecto que queda resumido como error.

Las decisiones se apoyan en la intuición para juzgar la relación que mantienen las variables independientes identificadas con las que no han sido tenidas en cuenta. Se emplea el análisis de regresión para obtener la ecuación que explique la relación de la variable dependiente *(y)* o la que estamos por predecir con la variable o variables independientes *(x)*, que se usan para predecir su valor, obteniendo así una recta que pasa por el promedio de los datos y que se justifica por minimizar la suma de los errores cuadráticos de los puntos de la ecuación. Por ejemplo, se podría estimar la demanda de *smartphones* (variable dependiente) considerándose la inversión en publicidad. La ecuación explicará cómo y en qué proporción la publicidad influye en la demanda.

Este método no puede entenderse como un procedimiento para establecer una relación de causa-efecto entre las variables. Por el contrario, muestra en qué medida se encuentran relacionadas las variables entre sí. La gráfica de la ecuación es una recta conformada por dos regresores, donde (a) es la intersección de la recta de regresión con respecto al eje *y*; (b) representa la pendiente a la cual debe mantenerse el signo que establecerá la tendencia del pronóstico para cada período; mientras que (*ŷ*) es el valor esperado de la demanda a medida que cambie el valor de *x*.

X	Y(Dr)	X²	XY	Pronóstico
1	220	1	220	197
2	245	4	490	187
3	250	9	750	178
4	140	16	560	169
5	100	25	500	159
6	80	36	480	150
7	90	49	630	140
8	96	64	768	131
9	103	81	927	122
10	107	100	1.070	112
11	140	121	1.540	103
12	170	144	2.040	93
78	**1.741**	**650**	**9.975**	

Tabla 2.9. Pronóstico mediante regresión lineal.

Con la información que se muestra en la tabla 2.9 calculamos los datos que se requieren para determinar los valores de la ecuación, comenzando por elevar al cuadrado cada valor de *x*. Luego multiplicamos los valores de X e Y, terminando con la sumatoria de cada una de estas variables. Los valores obtenidos serán reemplazados en la ecuación 2.6.

$$\hat{y} = b(x) + a \qquad\qquad (2.6)$$

$$b = \frac{\Sigma(XY) - \dfrac{(\Sigma X)(\Sigma Y)}{N}}{\Sigma(X^2) - \dfrac{(\Sigma X)^2}{N}}$$

$$b = \cfrac{9.975 - \cfrac{(78)(1.741)}{12}}{650 - \cfrac{6.084}{12}} = -9{,}3811$$

Con el valor obtenido de (b), y manteniendo el signo negativo, reemplazamos este valor en la siguiente fórmula, que nos permitirá determinar el punto de origen de la ecuación (a):

$$a = \frac{\Sigma Y - b(\Sigma X)}{N}$$

$$a = \frac{1.741 + 9{,}3811(78)}{12} = 206{,}06$$

$$\hat{y} = b(x) + a$$

$$\hat{y} = -9{,}3811(x) + 206{,}06$$

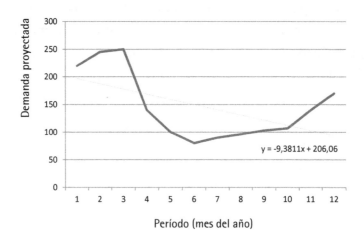

Figura 2.9. Ecuación de regresión lineal.

$$F_{13} = -9,3811(13) + 206,06 = 84,11$$

$$F_{14} = -9,3811(14) + 206,06 = 74,72$$

$$F_{15} = -9,3811(15) + 206,06 = 65,34$$

La pendiente indica en cuántas unidades crecerá o decaerá la demanda por cada período. En este caso se asume que la demanda tendrá una ligera caída mensual de nueve unidades. Al ser comparado con el comportamiento histórico de la demanda del artículo, identificamos que este método deja de lado los ciclos y estacionalidades.

En la tabla 2.10 se muestra la demanda histórica *(y)* y la cantidad de personal de ventas *(x)* que se disponía para cada período. Al buscar una

X	Y(Dr)	X²	XY
3	220	9	660
3	245	9	735
3	250	9	750
2	140	4	280
2	100	4	200
1	80	1	80
1	90	1	90
1	96	1	96
1	103	1	103
1	107	1	107
2	140	4	280
2	170	4	340
22	**1.741**	**48**	**3.721**

Tabla 2.10. Pronóstico mediante regresión lineal múltiple, según cantidad de personas en el equipo de ventas.

relación entre estas dos variables, se podría interpretar que, con tres personas vendiendo, las ventas para el primer período fueron de 220 unidades;
mientras que, para el siguiente, las ventas ascendieron a 245 y se mantuvo
la misma cantidad de vendedores. La figura 2.10 es el diagrama de dispersión para el análisis de regresión múltiple propuesta. Colocando la variable
independiente x (personal en el equipo de ventas) en el eje horizontal y
la variable dependiente (ventas) en el eje vertical, a través de este gráfico
podemos determinar la relación que mantienen ambas variables.

Al igual que en la tabla anterior, deberá identificarse la sumatoria de
cada variable. La única diferencia es que el valor de x representa la cantidad
de vendedores por período.

$$b = \dfrac{3.721 - \dfrac{(22)(1741)}{12}}{48 - \dfrac{484}{12}} = 69{,}022$$

$$a = \dfrac{1.741 + \mathbf{69{,}022}(22)}{12} = 18{,}543$$

En la figura 2.10 se muestra la ecuación sobre el diagrama de dispersión. El intercepto (a) indica que, si *(x)* fuese igual a cero o no se contra-
tara más personal de ventas, la demanda sería igual a 18,543. También se
obtiene la pendiente de regresión estimada positiva (b = 69,022), lo que
implica que, por cada persona que se contrate, las ventas se incrementarán
en 69,022 unidades, lo que permitirá, en un análisis posterior, determinar
si el incremento en las ventas justifica los costos en que se incurre en la
planilla y en el desarrollo de la operación.

Se puede determinar que las ventas aumentan a medida que se opta por
tener un mayor número de vendedores, observándose una correlación li-

neal positiva entre las dos variables, cuyo grado de dependencia podremos definir mediante la siguiente fórmula:

$$r = \frac{n(\Sigma XY) - (\Sigma X)(\Sigma Y)}{\sqrt{(n(\Sigma X^2) - (\Sigma X)^2)} \ \sqrt{(n(\Sigma Y^2) - (\Sigma Y)^2}} \qquad (2.7)$$

La correlación entre dos variables se halla expresada por el coeficiente de correlación (r), cuyo rango está comprendido entre los valores de ±1. Cuando el valor de (r) es negativo, indica que existe una correlación inversa entre las variables, entendiéndose que una de ellas decrece en cuanto la otra aumenta. En cambio, cuando el valor de (r) es positivo, hay una correlación directa entre las variables, lo que significa que estas crecen o decrecen al mismo tiempo, pudiéndose anticipar dicha correlación a partir del signo de (b) en la ecuación lineal.

Una correlación es perfecta cuando el resultado es igual a ±1, y no existirá relación alguna entre las variables cuando (r) sea igual a cero. En este caso hay una correlación directa fuerte de 0,93 entre la cantidad de

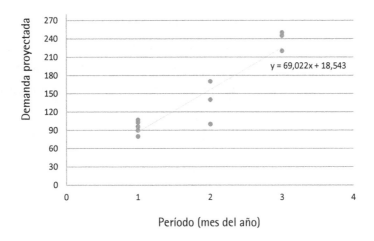

Figura 2.10. Ecuación de regresión lineal múltiple según número de personas del equipo de ventas.

Valores de r	Grado de correlación
1	Perfecta
1< r ≥ 0,80	Fuerte
0,79 ≤ r ≥ 0,5	Moderada
0,49 ≤ r ≥ 0	Débil
0	No existe

Tabla 2.11. Grado de correlación.

vendedores y el volumen de ventas. En la tabla 2.11 se muestran los rangos para interpretar el grado de correlación de un valor (r).

Por otro lado, mediante el coeficiente de determinación podemos medir la cantidad de variación que presenta la variable dependiente con respecto a su valor medio. Este es igual al cuadrado del coeficiente de correlación (r^2). El resultado también oscila entre 0 y 1, tomando como interpretación que las variaciones observadas en la variable dependiente se justifican por la variable independiente: $(0,93^2)$ = 0,86 implica que el 86 % de la variación observada en las ventas se explica por la contratación de los vendedores.

Si la ecuación hallada describe adecuadamente la relación entre x e y, parecerá razonable utilizar esta ecuación para pronosticar el valor de y para un valor dado de x. Por ejemplo, si se quisiera predecir la demanda teniendo en el equipo de ventas a cuatro personas, se estimaría de la siguiente manera:

$$\hat{y} = 69,022(4) + 18,543 = 295$$

Método multiplicativo

Los métodos de pronóstico se justifican en la necesidad de predecir con el menor margen de error posible el componente aleatorio y el sistemático de la demanda, el cual está estructurado por un nivel, una tendencia y un factor estacional.

Este método entiende que los factores sistemáticos de la demanda no varían conforme se observa la nueva demanda, adaptando los parámetros de esta al desestacionalizar los datos históricos y entendiendo que estos mantendrán un comportamiento similar en los siguientes períodos o temporadas.

$$\hat{y} = a + b(x) \times t \qquad (2.8)$$

Para comprender el método se presenta la demanda histórica de los doce meses anteriores de la empresa de consumo masivo con la cual hemos explicado los métodos anteriores.

Con los datos que muestra la tabla 2.12 se puede determinar cuán estacional es la demanda del artículo. Se identifican dos ciclos: uno de crecimiento de demanda, desde el período 11 hasta el período 3 del segundo año, y un ciclo de recogimiento, desde el período 4 hasta el período 8. Estos dos patrones de demanda se repiten en ambos años.

En los dos ciclos existe una tendencia en la demanda. Se toma como referencia la demanda del segundo año, lo que nos permite describir y predecir un comportamiento a partir de la desestacionalización de la misma, desarrollando regresiones lineales para determinar el nivel y la tendencia, pero también para determinar los factores estacionales que expliquen el comportamiento de la demanda en los próximos períodos.

Este método coexiste con el entendimiento y la relación de herramientas que provienen de los modelos desarrollados. Tiene como ob-

Demanda	1	2	3	4	5	6	7	8	9	10	11	12
Año 1	218	239	256	125	99	81	93	97	105	110	136	187
Año 2	220	245	250	140	100	80	90	96	103	107	140	170

Tabla 2.12. Demanda histórica de doce períodos.

Periodo (X)	Demanda real	Promedio móvil	Promedio centrado	*Ratio irregular*	Índice estacional	Demanda desestacionalizada (Y)	XY	X²	Pronóstico
1	218				1,684	129	129	1	287
2	239				1,506	159	317	4	253
3	256				1,255	204	612	9	208
4	125	238			0,614	203	814	16	101
5	99	207	222	0,446	0,445	222	1.112	25	72
6	81	160	183	0,442	0,434	187	1.119	36	69
7	93	102	131	0,711	0,689	135	945	49	108
8	97	91	96	1,007	0,992	98	783	64	154
9	105	90	91	1,158	1,156	91	818	81	177
10	110	98	94	1,166	1,161	95	947	100	175
11	136	104	101	1,344	1,378	99	1.086	121	204
12	187	117	111	1,692	1,624	115	1.382	144	237
13	220	144	131	1,684	1,684	131	1.699	169	242
14	245	181	163	1,506	1,506	163	2.277	196	213
15	250	217	199	1,255	1,255	199	2.988	225	175
16	140	238	228	0,614	0,614	228	3.645	256	84
17	100	212	225	0,444	0,445	225	3.820	289	60
18	80	163	188	0,427	0,434	184	3.316	324	58
19	90	107	135	0,667	0,689	131	2.483	361	90
20	96	90	98	0,976	0,992	97	1.936	400	127
21	103	89	89	1,153	1,156	89	1.872	441	146
22	107	96	93	1,157	1,161	92	2.027	484	144
23	140	102	99	1,412	1,378	102	2.337	529	168
24	170	117	109	1,555	1,624	105	2.513	576	194
300						3.481	40.977	4.900	

Tabla 2.13. Pronóstico de demanda mediante método multiplicativo.

jetivo explicar las variaciones de la demanda respecto a la media por cada período, considerando un índice estacional de corrección. La tabla 2.13 refleja datos de este pronóstico. Para su cálculo hay que seguir estos pasos:

- **Primer paso: promedios.** Se elige la cantidad adecuada de datos para el promedio móvil. En este caso se toman los tres primeros, lo que nos permitirá calcular el promedio del cuarto período. A partir de esta cantidad, y junto con el quinto período, se determina la media centrada.

- **Segundo paso: *ratio* irregular y estacional.** Se estima al dividir la demanda real entre el promedio centrado. Por lo tanto, para el período de análisis se obtendrá de operar 99/222. El índice estacional permite determinar el patrón de tendencia de cada período a agregar dentro del pronóstico. En este caso, hacemos la estimación comprendiendo que los 24 datos históricos incluidos representan los meses de dos años. Es decir, determinaremos la media de los datos 1 y 13 (ambos son los meses de enero), por lo que continuaremos con la misma premisa para los siguientes once meses del año.

- **Tercer paso: demanda desestacionalizada y regresión lineal.** Se obtendrá de dividir la demanda real entre el índice estacional. Esta demanda servirá como la variable dependiente *(y)* para determinar la regresión lineal –como se muestra en la figura 2.11– y como la demanda base para los períodos.

Al reemplazar los períodos en la ecuación, se obtiene la primera parte del pronóstico, que se corregirá en cada período a partir del índice estacional como factor de crecimiento o recogimiento estimado sobre el comportamiento de los datos (tabla 2.14).

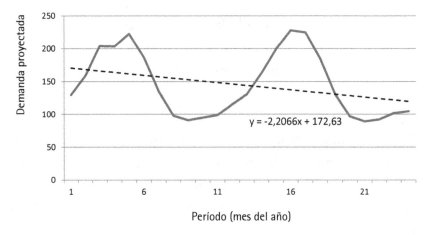

Figura 2.11. Ecuación de regresión lineal para el método multiplicativo.

Período	Pronóstico de tendencia	Índice estacional	Pronóstico
25	117	1,684	198
26	115	1,506	174
27	113	1,255	142

Tabla 2.14. Pronóstico corregido por el índice estacional.

Error de pronóstico

En cuanto las proyecciones no reflejen la demanda real del mercado, quedarán expuestas, por lo general, a cierto error de pronóstico, que se mide con herramientas estadísticas como la desviación estándar, la varianza y la desviación media absoluta (DMA). Estas permiten entender cuán disperso es el pronóstico respecto a la demanda real y que, en la práctica, sirven como herramientas de comparación de métodos para elegir aquel que se acerque a la demanda real.

Los errores pueden ser de sesgo y aleatorios. Los primeros aparecen como consecuencia de equivocaciones matemáticas, observándose generalmente que el pronóstico posee dispersiones bastante significativas respecto a la demanda real. Con frecuencia, son el resultado de ignorar ciertos patrones de comportamiento de la demanda, como tendencias, ciclos y estacionalidades. Por su parte, el error aleatorio resulta de factores no controlables que condicionan al pronóstico a desviarse de la demanda real.

Los métodos de pronóstico incorporan datos reales de demanda tan pronto como se dispone de información. Los datos deben ser correctos y, para conseguirlo, deben ser filtrados, verificando la demanda real a razón de un rango de valores razonables. Cuando el valor se encuentra fuera de los límites, se debería validar si hubo algún error de registro, alguna variación significativa en la demanda, o quizás este responda a un pedido puntual y debamos desprendernos de ese dato, o tal vez las condiciones han cambiado realmente y, por el contrario, debamos considerarlo en adelante.

Los errores de pronóstico pueden desencadenar efectos significativos en la asignación de recursos financieros, tecnológicos, infraestructura, personal y en el manejo de la información, destinándose esfuerzos innecesarios. Muchas actividades de la empresa dependen de un pronóstico exhaustivo y confiable, que cumple un rol preponderante en los resultados operativos, por lo cual nadie puede ser ajeno a la presencia de riesgo en su estructura.

Diversas fuentes de riesgo pueden ser atribuidas al pronóstico propio de cada operación. En ocasiones, estos riesgos se convierten en patrones genéricos y desprenden algunas consideraciones para su administración. El tiempo de reposición, cuando es prolongado, requiere que la planificación de la demanda se realice con bastante anticipación, lo cual disminuye la exactitud por el horizonte de análisis. El margen de error podría aumentar también cuando se tiene poca información de los artículos, y la cantidad de clientes podría condicionar la regularidad de la demanda.

Para mitigar los efectos que producen los riesgos, se debe mejorar la capacidad de respuesta buscando fuentes confiables y continuadas de abastecimiento, aunque esto podría conllevar el incremento de los volúmenes de compra y, por consiguiente, a realizar ajustes en las diversas etapas de la cadena. También podría cambiarse el modelo de demanda desagregada.

Los supermercados optan por tener tiendas que cubran la demanda de un sector geográfico determinado, mientras que las cadenas de ferreterías, por ejemplo, atomizan la gestión del inventario disponiendo de mayor cantidad de tiendas para equilibrar la oferta y la demanda.

Cuando esto ocurre, podría presentarse una mayor dispersión en los pronósticos a consecuencia de incluir en los cálculos datos propios de cada punto de venta o centro de aproximación, incrementando así los costos de redistribución por excedentes y roturas de existencias. Se dan situaciones en las que la agregación o centralización física del inventario no es lo más recomendable al reflejarse en el incremento del tiempo de atención y costo de transporte por la distancia entre el centro de almacenamiento y quien compra.

Mantener inventario desagregado acarrea decisiones relacionadas con los niveles de inventario de cada punto de almacenamiento, interpretando la rotación, la demanda y el error de pronóstico como fuentes primordiales de información. La agregación podría contribuir a disminuir el nivel de seguridad: si lo reduce en gran cantidad, es mejor centralizar la administración del inventario; si la reducción es poco significativa, es preferible descentralizar el inventario para optimizar la capacidad de respuesta y el costo de transporte.

La reducción del inventario de seguridad subyacente de la agregación está relacionada con el coeficiente de variación de la demanda. Para un artículo con una variabilidad baja, el pronóstico desagregado presentará mayor exactitud, perdiéndose la necesidad por agregar la demanda. Por el contrario, cuando el coeficiente de variabilidad es muy alto, resulta más difícil pronosticar la demanda desagregada, siendo la agregación una alternativa oportuna para mejorar la precisión del pronóstico.

Identificar los errores de pronóstico es fundamental para:

- Estimar la variabilidad de la demanda y determinar la cantidad apropiada de inventario de seguridad.

- Determinar la conveniencia del método de pronóstico elegido o del posible cambio o ajuste de sus parámetros.

Los errores de pronóstico son consecuencia de:

- **Datos poco confiables.** La inexactitud de los registros de inventarios sobre el físico, al igual que la poca confiabilidad de datos históricos de demanda, podrían inducir al error en los resultados de cualquier modelo de proyección.

- **Ventas por demanda.** Es necesario desarrollar herramientas que permitan registrar la demanda real de los artículos, y no solo las cantidades vendidas. Hay que considerar que estos podrían ser distintos debido a bajos niveles de servicio.

- **Picos de demanda.** La demanda, aunque sea inelástica, podría presentar variaciones que normalmente no pueden predecirse y que, en ocasiones, causan una respuesta equivocada al considerarla como constante para los próximos períodos y no identificarla como comportamientos atípicos motivados por promociones o roturas de inventario. Estos picos de demanda deben excluirse del horizonte de datos porque tienden a distorsionar los resultados.

Los pronósticos no deben ser ni muy optimistas ni pesimistas para reducir la presencia de sesgo o error simple, que se obtiene de la diferencia entre la demanda real y el pronóstico. El sesgo debe ser llevado a un análisis desagregado, y puede ser representado en porcentajes al dividir el resultado entre la demanda real. La interpretación del resultado dependerá de:

- **Importancia del artículo.** Todo producto de alta rotación o estratégico para la operación debe mantener un margen de error cercano al 0 %, mientras que, en los menos importantes, la diferencia en el pronóstico no debería superar el 5 %.

- **Volumen.** No es lo mismo un 5 % de diferencia de pronóstico de 50 unidades que de 5 millones. El margen no puede ser entendido en una misma escala; debe tenerse en cuenta el volumen comprometido.

Los errores del pronóstico tienden a cancelarse entre sí. La media del sesgo tiende a ser baja, compensando en ocasiones los errores positivos de unos períodos con los negativos de otros y acercando el error o sesgo a cero, lo cual arroja un resultado poco acertado para la toma de decisiones. Con los datos que se muestran en la tabla 2.15 se podrá calcular el error de pronóstico tomando en consideración los diversos indicadores identificados.

$$\text{Error acumulado} = (4,2 + 6,2 + 3,9 + 23,3 + 21,5) = 59,1$$

El error acumulado o sesgo es un valor referencial de error. Mediante la desviación media absoluta (DMA) se obtiene el error promedio. Para calcularlo se toma cada dato sin importar el signo que tenga. Por lo general, estas medidas acumuladas son el aspecto más básico de estas herramientas de error de pronóstico, ya que pueden compensarse errores mediante los signos, por lo que es conveniente revisar el error de modo individual para cada período.

$$\text{DMA} = \frac{\text{Error acumulado absoluto}}{n}$$

	1	2	3	4	5
(Dr) Demanda real	96	103	107	140	170
(Pr) Demanda pronosticada	92	97	103	117	149
Error = Dr − Pr	4,2	6,2	3,9	23,3	21,5

Tabla 2.15. Demanda histórica de cinco períodos para el cálculo del error.

Reemplazando:

$$DMA = \frac{4,2 + 6,2 + 3,9 + 23,3 + 21,5}{5} = 11,82$$

La señal de rastreo (Sr) es una herramienta de comparación de medidas agregadas que determina la variación de cada pronóstico sobre la desviación media absoluta del pronóstico. Indica si el promedio pronosticado sigue el paso ante los cambios positivos o negativos en la demanda. Se interpreta como el número de desviaciones medias absolutas que el valor pronosticado se encuentra por encima o debajo de la demanda real.

Los límites de control para la señal de rastreo dependerán de los riesgos que estemos dispuestos a asumir y se administran a partir de la cantidad de DMA, considerando que pueden estar comprendidos en un rango de ± 4, donde el valor más apropiado será el que se acerque más a cero.

Una vez calculadas las señales de rastreo, debemos saber que están dadas en desviaciones medias absolutas. No siempre una señal de rastreo positiva indica que la demanda es superior que el pronóstico, y viceversa, dado que su cálculo emplea desviaciones acumuladas. Una señal de rastreo favorable —es decir, con un error de pronóstico bajo— deberá tener, aproximadamente, el mismo error absoluto positivo que negativo.

Para que una señal de rastreo sea un indicador eficiente de error en el pronóstico, debe compararse con límites preestablecidos de control. Si la señal de rastreo excede los límites de control, será un indicador de que algo anda mal con el pronóstico. La siguiente interrogante que surge consiste en la determinación de límites de control, para lo cual hay que acudir a límites dados en DMA a fin de lograr una congruencia con las señales de rastreo.

$$\text{Señal de rastreo} = \frac{\text{Error acumulado}}{\text{DMA}}$$

Reemplazando:

$$\text{Señal de rastreo} = \frac{4,2 + 6,2 + 3,9 + 23,3 + 21,5}{11,82} = 5,0$$

Cuando los errores que ocurren en el pronóstico tienen una distribución normal, 1 DMA se relaciona con 0,8 desviaciones estándar. Por el contrario, 1 desviación equivale aproximadamente a $\sqrt{\frac{\pi}{2}} = 1,25$ DMA.

La desviación estándar es la medida más grande. Si la DMA es 11,82 unidades, la desviación será 14,78, teniendo que considerar esta cantidad como inventario de seguridad por error de pronóstico. En base a la estadística, los límites de control se establecen en más o menos 3 desviaciones estándar o ± 3,75 DMA.

Los pronósticos deben tener por lo menos dos herramientas de medición del error (media aritmética, DMA, desviación estándar o señal de rastreo). No administrarlo o no emplear las herramientas disponibles es como ignorar que existe error. Es frecuente tener problemas en los pronósticos cuando la variedad y la cantidad de artículos superan el manejo racional de los sistemas, herramientas de programación y hojas de cálculo, lo que expone a la empresa al desequilibrio del nivel de inventario. De tal manera, los pronósticos cumplen un rol preponderante a lo largo de la cadena de suministro, teniendo en cuenta que el margen de error debe segmentarse y establecerse objetivos para estos, sin malgastar esfuerzos en alcanzar resultados técnicamente imposibles para todos los artículos.

Error de pronóstico por método

Cada método de pronóstico hace una propuesta distinta, algunas de ellas más similares que otras, que deben ser comparadas y entendidas mediante las herramientas de error de pronóstico. En la tabla 2.16 se muestra que el método ponderado comprende mejor los componentes de demanda de los

Período	Demanda real	Método				
		Promedio	Ponderado	Suavizado	Regresión	Multiplicativo
8	96	85	92	97	131	127
9	103	93	97	95	122	146
10	107	100	103	106	112	144
11	140	105	117	107	103	168
12	170	124	149	153	93	194

Tabla 2.16. Comparación de pronósticos.

datos históricos trabajados, al acortar la brecha de error entre el pronóstico y la demanda real, lo que comprometerá un menor nivel de inventario de seguridad por este error en el pronóstico.

El error de pronóstico varía entre cada método, teniendo en cuenta que estos consideran cantidades y tipos de datos tan distintos que hacen suponer que el resultado puede ser heterogéneo entre cada método empleado (véase tabla 2.17).

Este error puede ser administrado y corregido ajustando factores de ponderación como la cantidad de datos, aquellos que influyen en el resul-

Método	Índices de error de pronóstico		
	DMA	Señal de rastreo	Desviación estándar
Promedio móvil	22,00	5,00	27,50
Ponderado	11,82	5,00	14,78
Suavizado	11,91	4,76	14,88
Regresión	34,51	1,59	43,13
Multiplicativo	32,74	-5,00	40,93

Tabla 2.17. Comparación de error de pronóstico.

tado de cada método, desarrollando también el trabajo previo de levantamiento y confirmación de las siguientes observaciones:

- **Comportamiento de datos.** Es necesario iniciar el proceso de pronóstico representando con gráficos la demanda histórica que permita identificar si existen tendencias, comportamientos atípicos o estacionalidades en la demanda.

- **Elasticidad de la demanda.** El grado de dispersión de datos condicionará la elección del método de pronóstico, así como la elección de la cantidad de datos históricos.

- **Etapa del ciclo de vida.** Los errores se presentan por una lectura e interpretación incorrecta del ciclo de demanda del artículo. El método podría no estar incorporando variables que complementen la tendencia.

- **Identificación de variables.** Las ponderaciones pueden cambiar de valor de acuerdo con el comportamiento histórico y estimado del mercado.

Análisis de casos del capítulo 2

Caso 2.1   Sector de la automoción

La demanda de llantas para vehículos de carga pesada, así como los que se emplean en la distribución urbana de mercancías ha llevado a una distribuidora a crecer casi en un 60 % durante el último año. Se estima que, a pesar de la coyuntura económica a consecuencia de la pandemia de la covid-19, la demanda siga en aumento de acuerdo con el incremento del parque de vehículos en los operadores logísticos.

Los datos disponibles de la actividad son los siguientes:

Mes	Demanda (unidades)	Mes	Demanda (unidades)
Enero	3.400	Julio	4.500
Febrero	3.750	Agosto	4.560
Marzo	4.300	Septiembre	4.800
Abril	3.800	Octubre	4.200
Mayo	4.100	Noviembre	4.400
Junio	3.900	Diciembre	4.600

Con estos datos, responde a las siguientes interrogantes:

1. **Teniendo en cuenta el modelo de regresión, ¿cuál consideras que sería la demanda para los próximos seis meses?**

➔ A partir de la demanda histórica y calculando la ecuación de la recta $\hat{y}$ = b(x)+a se tiene que, la regresión se expresará a razón de: 88,57(x) + 3.616,82. Es decir, la demanda incrementará cada mes en 89 unidades:

X	Y(Dr)	X²	XY	Pronóstico
1	3.400	1	3.400	3.705
2	3.750	4	7.500	3.794
3	4.300	9	12.900	3.883
4	3.800	16	15.200	3.971
5	4.100	25	20.500	4.060
6	3.900	36	23.400	4.148
7	4.500	49	31.500	4.237
8	4.560	64	36.480	4.325
9	4.800	81	43.200	4.414
10	4.200	100	42.000	4.502
11	4.400	121	48.400	4.591
12	4.600	144	55.200	4.680
78	50.310	650	339.680	

En tanto, al reemplazar los períodos en la ecuación, el pronóstico para los próximos seis meses es el que se muestra a continuación:

Periodo	Pronóstico
13	4.768
14	4.857
15	4.945
16	5.034
17	5.122
18	5.211

2. A partir del margen de error que deberás identificar, ¿crees que la empresa tendrá que incluir algún nivel de inventario de seguridad?

➡ Comparando el pronóstico con la demanda real de los últimos cuatro meses, se muestra el margen de error en unidades, con estos valores se pueden obtener los indicadores de medición de error:

Periodo	Demanda	Pronóstico	Error	Error Abs
8	4.560	4.325	235	235
9	4.800	4.414	386	386
10	4.200	4.502	-302	302
11	4.400	4.591	-191	191
12	4.600	4.680	-80	80

El margen de error que se obtiene de los meses evaluados es lo que se muestra en la siguiente tabla:

Error	48
DMA	239
Desviación	298

A partir de los indicadores, se deduce que se requerirá añadir inventario de seguridad al contar con una desviación estándar de 298 unidades, es decir, el método mantiene un error y no se acerca al 100 % de exactitud.

Por otro lado, la demanda histórica de un repuesto es:

Mes	Demanda (unidades)
Agosto	20
Enero	22
Febrero	24
Marzo	20
Abril	26
Mayo	28
Junio	20
Julio	18

3. Representa gráficamente los datos e identifica qué modelos de pronóstico podrían adecuarse al historial de datos.

➡ Los datos históricos muestran patrones de estacionalidad y tendencias, siendo los métodos de promedio ponderado, multiplicativo y suavizado exponencial los que podrían contribuir a una mayor exactitud en el pronóstico.

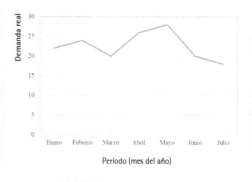

4. **Determina el pronóstico de la demanda para el mes de agosto mediante el promedio simple de tres meses.**

➡

Mes	Demanda (unidades)
Mayo	28
Junio	20
Julio	18
Promedio	22

5. **Compara el resultado anterior con el método de promedios ponderados. Considera el mismo mes del año anterior en el análisis y la elección de cuatro datos.**

➡ Para identificar el pronóstico del mes de agosto se debe considerar el mismo mes del año anterior (20 unidades) y los tres últimos meses (julio, junio y mayo).

$$Pr_{t+1} = (0,4 \times 20) + (0,3 \times 18) + (0,2 \times 20) + (0,1 \times 28)$$
$$Pr_{t+1} = 20$$

6. **Compara los resultados anteriores con el método de suavizado exponencial con un valor de α = 0,8. Ten en cuenta que la demanda real del mes de enero fue de 24 unidades.**
   Calcula también el sesgo, la DMA y la desviación estándar. Compara los resultados y justifica tu elección del método de pronóstico.

➡ La señal de rastreo y la desviación estándar de un artículo con demanda estacional han sido calculadas con los datos históricos de demanda de los últimos 12 meses. En el siguiente cuadro se muestran los resultados de cuatro métodos de pronóstico:

Método	Señal de rastreo	Desviación estándar
Ponderado	3	11
Suavizado	3,2	15,4
Regresión	4,9	23
Multiplicativo	2	10

7. Comenta los resultados obtenidos e identifica sus implicaciones.

➡ A partir de la desviación estándar el método multiplicativo es el que mejor ha identificado el comportamiento histórico de la demanda, siendo el método ponderado una alternativa que permite complementar el análisis de los resultados.

Tomando en consideración la inversión en publicidad, la demanda de llantas puede incrementarse.

Así, el área comercial de la empresa propone un grupo de acciones, entre ellas la inversión en publicidad, con el objetivo de incrementar la demanda y la participación de mercado. Para asegurar el abastecimiento se requiere determinar el grado de correlación entre las variables y datos que se muestran en la siguiente tabla, así como el punto de equilibrio para determinar que existe un retorno sobre la inversión.

Mes	Demanda (unidades)	Publicidad (dólares)
Enero	3.400	300
Febrero	3.750	360
Marzo	4.300	380
Abril	3.800	380
Mayo	4.100	360
Junio	3.900	360

8. **¿Cuál es la variable dependiente?**

➡ La demanda (variable dependiente) estará condicionada por la inversión en publicidad.

9. **Identifica si existe o no correlación entre las dos variables.**

➡ Reemplazando los valores en la fórmula de correlación, el valor que se obtiene es de 0,78, es decir, existe una correlación directa, lo que explica que la demanda incrementa en la medida que se realice mayor inversión en publicidad.

10. **Calcula el coeficiente de determinación e interpreta el resultado.**

➡ El coeficiente de determinación se obtiene al elevar al cuadrado la correlación, $(0,78^2)$ = 0,60 implica que el 60 % de la variación observada en la demanda se explica por la inversión en publicidad.

11. **Plantea la ecuación de la recta e interpreta el resultado.**

➡ $\hat{y} = 8,19(x) + 953,9$

El valor de ¨b¨ en la ecuación nos indica que por cada dólar invertido en publicidad la demanda incrementará en 8 unidades, mientras que, si no se invirtiera en ello la demanda mínima sería de 954 unidades.

Cuestionario de autoevaluación

1. ¿Cuál de los siguientes artículos tiene demanda elástica?

   a) Arroz.
   b) Carne.
   c) Prendas de vestir.

2. ¿Considerarías la mayor cantidad de datos históricos en un artículo con demanda elástica?

   a) Sí, porque se podrá identificar patrones referidos a estacionalidad y tendencias.
   b) No, porque se deben elegir los datos más cercanos para identificar qué factores influyen sobre la demanda.

3. ¿De qué depende la interpretación del margen de error?

   a) La importancia del artículo.
   b) El valorizado del error.
   c) Ambas alternativas son correctas.

4. ¿Cómo se podría administrar el error de pronóstico?

   a) Pronosticando la demanda de meses anteriores e identificar el margen de error.
   b) Ajustando las variables que consideran cada método de pronóstico.
   c) Ambas alternativas son correctas.

5. ¿Qué métodos de pronóstico emplearías para proyectar la demanda de jerséis de lana para el próximo invierno?

   a) Regresión lineal, porque identifica las tendencias.
   b) Promedio simple, porque se requiere solo la demanda de los últimos meses.
   c) Promedio ponderado, porque se deben identificar los datos que más se asemejen al período de pronóstico.

6. ¿Qué método incluye el error de pronóstico del período anterior?

   a) Regresión lineal.
   b) Suavizado exponencial.
   c) Multiplicativo.

7. Teniendo en cuenta esto, ¿a qué horizonte de tiempo responde mejor este método?

   a) Corto plazo.
   b) Medio plazo.
   c) Largo plazo.

8. Según la siguiente ecuación de la recta: $-9,36(x) + 230$, ¿en cuánto variará la demanda para cada período?

   a) Disminuirá en 9 unidades.

b) Aumentará en 9 unidades.

c) Aumentará en 230 unidades.

d) Ninguna de las alternativas es correcta.

9. ¿Qué interpretación tiene el valor Z en el error de pronóstico?

a) Es el valor de corrección del inventario mínimo.

b) Es el valor de corrección del inventario de seguridad.

c) Es el valor de corrección de la desviación estándar.

d) Ninguna de las alternativas es correcta.

10. ¿La demanda de un artículo con comportamiento elástico se verá afectada por la variación de factores económicos como el PIB?

a) No, porque son artículos de primera necesidad.

b) Sí, porque no son artículos de primera necesidad.

c) No, porque las variables económicas no influyen.

d) Ninguna de las alternativas es correcta.

11. ¿El nivel de servicio se verá afectado por el error de pronóstico?

a) Sí, porque si no se cuenta con la disponibilidad de inventario no se podrá atender todos los pedidos.

b) No, porque el nivel de servicio no depende del pronóstico.

c) Ninguna de las alternativas es correcta.

12. ¿Qué métodos de pronóstico podemos emplear cuando la demanda de un producto se encuentra al cierre de su ciclo de vida?

a) Regresión.

b) Multiplicativo.

c) Opinión de expertos.

d) Todas las anteriores.

Véanse las respuestas en la página 231.

También se puede cumplimentar el test de autoevaluación en este enlace QR.

Capítulo 3

Programación de inventarios

En tiempos de crisis, en los que el costo del capital adquiere una gran importancia, es cuando un estricto control de los niveles y la medición de la rotación de los inventarios protagonizan la gestión del abastecimiento estratégico. Las empresas que no consideren estas variables podrían tener una experiencia poco afortunada.

Objetivos de aprendizaje

Este capítulo te permitirá:

☑ Definir la importancia, factores clave y diferencias entre cada nivel de inventario.

☑ Medir e interpretar la rotación de los artículos.

☑ Categorizar los artículos según el grado de importancia para la empresa.

☑ Identificar las causas que llevan a la exactitud de los inventarios.

☑ Diseñar indicadores para la administración de los inventarios.

☑ Desarrollar estrategias de reposición según la categoría del artículo.

El inventario es el elemento más visible y anhelado en cada una de las etapas de la cadena de suministro. Pese a que es de carácter circulante, está presente en la toma de decisiones estructuradas por parte de las áreas principales y de apoyo de la operación, siendo de gran necesidad definir herramientas de planificación que permitan anticipar y simplificar los efectos colaterales producidos por las roturas y los excedentes de inventarios. Son pocas las situaciones que enfadan tanto a una persona que quiere comprar como que los productos publicitados por diversos medios de comunicación no se encuentren en el punto de venta.

En general, diversas cadenas de suministro tienden a operar de espaldas al impacto financiero del inventario mediante el empleo de criterios tan simples como igualar la cobertura para todos los artículos en todos los puntos de almacenamiento. Asimismo se valen de otras fórmulas, sin comprender las relaciones entre sus variables, parámetros y medidas de desempeño, concentrando en las sucursales de venta un alto nivel de cobertura de inventario enfocado en la clientela y dejando al centro de distribución desabastecido. Esto desequilibra el inventario entre los puntos de venta y, por ende, hace que algunos artículos presenten excedentes en algunas sucursales y escasez o rotura de *stock* en otras, desafiando los costos adicionales por transferencia y de almacenamiento.

Al igual como la sangre recorre cada parte del cuerpo humano, el inventario fluye con determinada importancia dentro de las cadenas de suministro, donde la política de inventario cobra un rol preponderante al establecer el modo de operación, las tecnologías a implementar y los niveles de costos que deberán administrar los gestores de abastecimiento.

La reposición automática como paliativo ante las roturas de *stock* puede aplicarse tanto al abastecimiento de materias primas en empresas manufactureras como a productos terminados en los puntos de almacenamiento de redes de distribución, desarrollándose en base a:

- Rotación y criticidad de los artículos.
- Estimaciones de demanda.
- Tiempo de reposición.

La rotura de inventario reafirma los conceptos formulados por quienes tienen a su cargo evaluar el comportamiento de la persona consumidora. Aquellos confirman que existe una alta predisposición a la infidelidad sobre la marca y la empresa proveedora. Imaginemos esta situación: nos comunicamos con la empresa proveedora y ahí no se encuentra la solución al punto de reabastecimiento: ¿esperarías el tiempo adicional que la proveedora está solicitando para atendernos o estarías dispuesto a incrementar la estadística?

La falta de disponibilidad de inventario para atender los requerimientos de nuestros clientes internos o externos obedece a la inexistencia de parámetros y herramientas para el control preventivo en el reabastecimiento individual o agregado de los materiales. De la misma manera, la inexactitud en el registro de inventario sesga la toma de decisiones para el abastecimiento y el compromiso con la clientela. Estas causas pueden ser categorizadas como factores inherentes de la operación, mientras que una segunda clasificación se desarrolla en los faltantes aparentes que obedecen a duplicidad de ubicaciones y catálogos incompletos.

El concepto de inventario como tal se descompone en control y gestión. El primero busca asegurar la exactitud entre el sistema de control y la existencia física. En tanto que la gestión busca administrar, procesar e interpretar el comportamiento de los materiales para reducir las roturas de *stock* y los excedentes.

Justificaciones para mantener inventario

Protección

Las decisiones en la administración de inventario están supeditadas a factores inciertos en la oferta, la demanda y en los tiempos de reposición. Mientras estos factores sean predecibles, no se necesitará agregar niveles adicionales, ya que dejaría de ser económico para la operación.

Economías de escala

Resulta económico producir inventarios en lotes, distribuyéndose los costos fijos en la producción y el uso eficiente de los recursos. Un beneficio similar se obtiene en el abastecimiento, siempre que no incremente desmesuradamente la cobertura del inventario por perseguir descuentos. Para minimizar los efectos, se podría establecer acuerdos comerciales mediante órdenes de compra abiertas, con entregas parciales, con lo que se traslada la tarea de inventariar a la empresa proveedora.

Ubicación del inventario

La ubicación del producto terminado podría tener consecuencias estratégicas. Algunas empresas optan por establecer centros de distribución en otros países para acortar los tiempos de reposición y la competencia local, lo que mejora su presencia en el mercado. La decisión podría ser distinta al tomar una ubicación centralizada y despachar pequeñas cantidades desde este punto a cada uno de los clientes, más aún si se encuentran bastante distanciados entre sí.

Esto podría encarecer los costos de despacho, pero significaría un beneficio en la agrupación del inventario que evita la descompensación de los inventarios entre los diferentes puntos de almacenamiento, a consecuencia de la confluencia de demandas variables e inciertas. La demanda imprevista de un cliente puede compensarse con la baja de otra demanda que no se esperaba.

Como segundo método se podría considerar la ubicación hacia delante, que consiste en situar el inventario lo más cerca posible de la clientela, utilizando subalmacenes o integrando en la cadena eslabones mayoristas o detallistas. Este método consigue entregas más rápidas y con menores costos de transporte al aprovechar embarques más grandes desde las fábricas a estos subalmacenes. Ocurre un efecto inverso con la agrupación del inventario, porque los niveles de seguridad deben incrementarse para responder a las variaciones de la demanda en cada punto de almacenamiento.

Índices de rotación

La importancia de la rotación de los artículos puede ser entendida a partir del movimiento que tienen en la empresa. Existen los de alta rotación, que pueden interpretarse como los de mayor importancia y riesgo para la operación, en los cuales se debe enfatizar los esfuerzos en la reposición y el control.

La rotación como medida de seguimiento del coeficiente de variación de demanda tiene sus raíces en el área contable, y es modificada en esencia y estructura para adaptarse al control y planificación del abastecimiento. En sus inicios, su objetivo era medir la liquidez a partir del tiempo de permanencia y la frecuencia de reposición. No obstante, este instrumento posee interpretaciones asimétricas sobre su objetivo inicial entre las áreas de la empresa.

Conocer la rotación permite definir políticas de abastecimiento. Para los de alta rotación, estas deberán enfocarse en asegurar la disponibilidad del inventario; mientras que, en los artículos de baja rotación, las reposiciones deben evitar su inmovilización. Además, conocer la rotación permite definir la ubicación de los artículos en el almacén: los de alta rotación deben estar lo más cerca posible de la zona de despacho, para aligerar las etapas de planificación y control.

Es importante tener en cuenta que la interpretación del resultado está sujeta a tres factores:

- **Tipo de artículos.** La rotación de un repuesto puede ser bastante baja en un año respecto a una materia prima que depende íntegramente del plan de producción y es mucho más predecible. En cambio, la demanda de los productos terminados podría medirse en un parámetro diario.

- **Tipo de actividad.** Cada empresa y sector tiene comportamientos distintos en sus artículos. La rotación de un producto terminado en una empresa textil cuenta con parámetros desiguales a los asignados a empresas del sector minero y de consumo masivo.

- **Estacionalidad.** Por temporadas, y según sea el tipo de artículo, la rotación puede incrementarse, pero conocer con anticipación este dato permite planificar recursos para el almacenamiento y asegurar el abastecimiento.

Para entender la rotación se pueden tomar como base tres enfoques distintos, pero relacionados entre sí, como se presentan en la tabla 3.1.

Normalmente, el personal de ventas relaciona la rotación con el volumen de unidades despachadas, mientras que el logístico se antepone determinando la frecuencia de salidas como premisa de análisis. Para el cálculo, simplemente se requiere estimar el total de despachos que se realizaron del

Enfoque	Datos	Interpretación
Contable	Ingresos y salidas	Tiempo de permanencia y frecuencia de reposición
Comercial	Volumen de salidas	Cantidad total de unidades despachadas
Logístico	Frecuencia de salidas	Los más y menos pedidos

Tabla 3.1. Enfoques de rotación.

artículo. Ante variables tan dispersas de evaluación se pueden establecer los siguientes puntos de consideración para la elección del método más apropiado:

1. Una política de reposición puede estar condicionada a la disponibilidad financiera, así como a la de almacenamiento. Es decir, si consideramos los datos de ingreso como se contemplan en el enfoque contable, se podría inducir al error los resultados. Un artículo no tiene alta rotación porque se compra en mayor volumen o frecuencia, como lo considera este enfoque cuando tiene en cuenta esta variable en modo indirecto al establecer el inventario final de cada período.

2. Este indicador bajo el enfoque contable mide inicialmente la rotación de manera general para todo el almacén, y en valores monetarios, obteniéndose como resultado un valor referencial promedio sin tener una información más específica de la rotación de cada artículo. El cambio de los precios y los costos podría también condicionar los resultados y mostrar valores que no se acercan al comportamiento real de los artículos.

$$IR = \frac{\Sigma \text{ salidas}}{\text{Inventario final promedio}} \qquad (3.1)$$

Período	Salidas	Saldo final
Enero	280	160
Febrero	220	110
Marzo	275	150
Abril	260	90
Mayo	240	85
Junio	235	140

Tabla 3.2. Datos para el cálculo de la rotación.

A través del ejemplo y los datos que se exponen en la tabla 3.2 se puede construir las objeciones a este enfoque.

Al reemplazar los datos en la fórmula 3.1, se obtiene que la sumatoria de las salidas en el semestre es de 1.510 unidades y el saldo final promedio de 123, dando una rotación igual a 12, la cual se puede interpretar como que el artículo ha rotado 12 veces en el semestre o cada 15 días. Pero la rotación bajo este enfoque contable tiene un elemento especial: determina la frecuencia en la que se ha reabastecido el almacén. Por lo tanto, para tener una mayor rotación, habría que disminuir el saldo final apelando a ajustes en las políticas de compra.

La representación gráfica de los puntos de reabastecimiento proporciona un alcance general de los momentos que a primera vista podrían ser considerados como los más oportunos para colocar las órdenes de compra a la empresa proveedora que, según el resultado obtenido, sería en una frecuencia quincenal, tomándose a este como el período promedio de abastecimiento.

Sería contraproducente para el equilibrio del inventario que esta frecuencia no se cumpla, aunque al descomponer el resultado, y al interpretarlo de manera individual, se puede observar que este podría diferir mucho con respecto al resultado inicial. En la figura

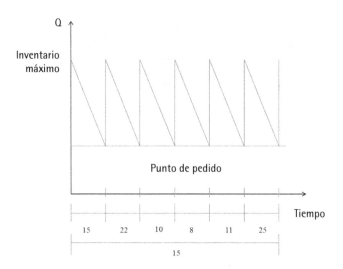

Figura 3.1. Rotación según enfoque contable.

3.1 se muestran seis del total de puntos de reabastecimiento, con el tiempo de permanencia correspondiente a cada uno de ellos, y se observa que el promedio es igual a 15 días. Por consiguiente, esta metodología aporta información referencial para el área logística.

Coordinar un abastecimiento quincenal con la proveedora a partir de este indicador ocasionaría posibles desajustes en los niveles de cobertura, como se muestra en la figura 3.1. En el segundo punto de reabastecimiento tendríamos una cobertura adicional de siete días a la llegada de la empresa proveedora. Mientras que en el punto siguiente habría que esperar desabastecidos a la proveedora durante cinco días. Esta metodología es de mayor utilidad para el área contable, ya que a partir de ese resultado puede estimar el flujo de caja de la empresa para poder asumir compromisos de pago por ingresos futuros de dinero por venta de inventario.

3. El enfoque comercial considera el total de unidades vendidas. En un supermercado, la venta de 10 botellas de yogur en un día podría entenderse como un artículo con alta o baja rotación. Dependiendo

de la frecuencia de compra, podría determinarse con mayor certeza la interpretación de este resultado. Es decir, no es lo mismo que una sola persona se lleve las 10 unidades a que cinco personas distintas se lleven dos botellas cada una. El primer caso podría responder a una venta irregular, mientras que el segundo podría marcar un patrón de comportamiento en la demanda.

Parámetros

La rotación de un artículo no es constante y se halla estrechamente relacionada con la demanda. En un corto período, esta podría pasar a media, baja o quizá nula. Para establecer los rangos de interpretación, debemos recordar que el comportamiento de los artículos depende del tipo, ámbito de actividad y estacionalidad. Cada administración de inventarios debe establecer los parámetros de los artículos de la empresa siguiendo estas consideraciones. La única fórmula secreta para entenderlos y establecerlos lo da la puesta en práctica, y los siguientes cuatro puntos tan solo sirven de directriz inicial:

1. Establecer un período fijo para la evaluación y comparación de los resultados.
2. Calcular la rotación de todos los artículos y diferenciarlos por familias o ámbitos.
3. Identificar la rotación promedio de los artículos y considerarla como punto de referencia en la clasificación de rotación media.
4. La baja rotación se obtendrá al dividir el límite superior de la clasificación media entre 2. El decimal en el resultado será redondeado siempre al inferior.

Por ejemplo, con los datos de rotación diaria de cinco artículos, en la tabla 3.3 se muestra la aplicación de los puntos para establecer los parámetros.

Artículo	Rotación
A	18
B	22
C	30
D	28
E	25

Tabla 3.3. Datos para establecer parámetros de rotación.

La rotación promedio de los artículos equivale a 25, y la máxima corresponde al artículo C. Los rangos están conformados por un límite inferior y otro superior. Para establecerlos se debe categorizar la rotación en cuatro grupos: alta, media, baja y nula (véase la tabla 3.4). Hay autores que sugieren unificar estas dos últimas, aunque considero que es necesario diferenciar la rotación cero de los artículos que presentan un comportamiento bajo.

La rotación promedio la consideraremos en el límite superior de la clasificación media, y para obtener la baja dividiremos 25/2 redondeando a 12. Por consiguiente, tras haber identificado estos valores, no deberíamos tener mayor problema para completar los demás campos de los límites. Así, la clasificación de los artículos sería la que refleja la tabla 3.5.

Clasificación	Límite inferior (x)	Límite superior (y)
Alta	26 +	
Media	13	**25**
Baja	1	**12**
Nula	0	0

Tabla 3.4. Parámetros de rotación.

Artículo	Rotación	Clasificación
A	18	Media
B	22	Media
C	30	Alta
D	28	Alta
E	25	Alta

Tabla 3.5. Clasificación de la rotación.

Del área logística no depende la rotación, pero en ella recae la responsabilidad de concentrar y anticipar las variaciones propias de cada artículo, y comunicar a quien proceda cuáles son los que requieren un tratamiento especial para evitar la inmovilización.

Categorización de inventarios: clasificación ABC

A inicios del siglo XIX, el filósofo e ingeniero italiano Vilfredo Pareto estudió la inequidad económica de su país al demostrar la existencia de dos grandes grupos sociales: el primero conformado por el 80 % de la población, quienes tenían tan solo el 20 % del dinero, y el segundo constituido por el 20 % de la población, quienes tenían el 80 % del dinero. Dicho análisis ha transcendido en el tiempo y, en la actualidad, algunas sociedades podrían emplear esta herramienta para demostrar que este tipo de disparidad social persiste y, así, identificar las causas de la misma.

En el ámbito logístico se categoriza a las empresas proveedoras por el volumen de compra, el nivel de cumplimiento y la complejidad en el abastecimiento, entre otras razones; mientras que en un análisis más exhaustivo en la gestión de inventarios se utiliza esta herramienta reemplazando la variable de personas por artículos para generar la información necesaria –en función de la inversión y el beneficio– que sirva de referencia en la toma de decisiones y para el aprovechamiento de los recursos disponibles, con el fin de administrar los materiales, orientándose en aquellos de mayor importancia. Otras áreas, como la comercial, categoriza a la clientela y los artículos según el nivel de venta. Finalmente, el área de calidad tiene en cuenta las incidencias que presentan en la inspección técnica.

La herramienta agrupa los materiales en tres categorías: A, donde están los artículos que representan el 80 % de la variable de análisis; B, en la que se encuentra el 15 %; y C, que engloba los artículos menos importantes al concentrarse en ellos solo el 5 %.

Es probable que, al segmentar sus artículos, no obtenga los mismos resultados y se sorprenda por las combinaciones en los porcentajes. Pareto identificó que la distribución de la riqueza estaba representada por el 80/20, pero no debe entenderse como la distribución ideal. Al procesar esta herramienta en una empresa, podría tener resultados tan distintos como un 70/30, 90/10 o 60/40, reforzándose el concepto con principios económicos de concentración o diversificación del riesgo. Cualquiera de estos resultados podría ser correcto, pero la interpretación dependerá de la rotación y la cobertura.

El propósito de esta herramienta es determinar cuán importantes son los artículos en la empresa para, así, destinar esfuerzos, recursos y estrategias diferenciadas en la gestión de abastecimiento y almacenamiento.

En la tabla 3.6 se muestran diez artículos. Lo ideal es que estos formen parte de una misma familia para evitar resultados sesgados. Como primer paso, se calculan los costos totales de cada artículo; proseguimos con la sumatoria de estos valores para determinar la inversión total y, posteriormente, se identifica cuánto representa cada artículo a partir del porcentaje individual, teniendo en cuenta que la suma de los porcentajes siempre debe dar como resultado 100 %.

A continuación (véase la tabla 3.7) establecemos los artículos en orden descendente a partir del costo total o del porcentaje individual, siendo el artículo 0009 el de mayor inversión y el 0003 en el que se ha concentrado la menor cantidad de dinero. Adicionalmente a este cálculo, se deberá in-

Código	Inventario	Costo unitario	Costo total	Porcentaje (%)
0001	45	7,5	337,5	2
0002	150	5,2	780	5
0003	45	3,2	144	1
0004	55	5,9	324,5	2
0005	80	3,4	272	2
0006	75	6,2	465	3
0007	19	7,8	148,2	1
0008	280	12,2	3.416	23
0009	600	13,4	8.040	54
0010	125	6,9	862,5	6
			14.789,7	**100**

Tabla 3.6. Datos para el cálculo de la clasificación ABC.

cluir una columna que incluya el correlativo de cada artículo, con lo que determinaremos el porcentaje de cada uno a razón del total (10).

El porcentaje acumulado se obtiene de la suma agrupada del porcentaje individual. Para el primer caso trasladamos el 54 %; para el segundo ítem (0008) sumaremos 54 % con 23 %; para el artículo 0010 sumamos 77 % y 6 %, obteniendo 83 %; y, por último, para el artículo 0003, el acumulado dará 100 %. Con esta columna se clasifican los artículos según los parámetros establecidos por Pareto.

Los artículos 0009 y 0008 son propuestos como los más importantes porque en ellos se concentra el 77 % de la inversión. Cinco de estos diez artículos son de clasificación B, de importancia media; y los tres restantes son C porque en ellos tan solo se ha invertido el 5 % del dinero de la empresa. Si se acude al porcentaje de cada artículo, podríamos ampliar la interpretación: el 77 % del dinero invertido de la compañía se encuentra en el 20 % de los materiales, mientras que en ocho tan solo se ha invertido el 23 % del dinero.

Porcentaje artículo (%)	Artículo	Código	Inventario	Costo unitario	Costo total	Porcentaje (%)	Porcentaje acumulado (%)	Clasificación	Rotación
10	1	0009	600	13,4	8.040,0	54	54	A	Alta
20	2	0008	280	12,2	3416,0	23	77		Baja
30	3	0010	125	6,9	862,5	6	83	B	Alta
40	4	0002	150	5,2	780,0	5	89		Media
50	5	0006	75	6,2	465,0	3	92		Baja
60	6	0001	45	7,5	337,5	2	94		Baja
70	7	0004	55	5,9	324,5	2	96	C	Alta
80	8	0005	80	3,4	272,0	2	98		Alta
90	9	0007	19	7,8	148,2	1	99		Baja
100	10	0003	45	3,2	144,0	1	100		Baja
					14.789,7	**100**			

Tabla 3.7. Matriz de ABC para la interpretación de resultados.

Dependiendo del factor de análisis –que en este caso es la inversión–, según el principio de Pareto los dos primeros materiales son los más importantes al concentrarse en ellos la mayor inversión, pero tal interpretación podría servir para las áreas de finanzas y contabilidad, análisis que podría inducir a error, viéndonos en la necesidad de incluir en este resultado la rotación de cada artículo, obtenida mediante las herramientas desarrolladas en el apartado «Índices de rotación» del presente capítulo.

Ampliando la interpretación, el artículo 0009 no representa mayor riesgo pues el dinero invertido está circulando al tener alta rotación, mientras que el 0008 podría generarnos un dolor de cabeza por la inmovilización del dinero. Esta herramienta de categorización de inventarios no debe limitarse a la categoría obtenida, sino que debe reforzarse con la rotación y la cobertura del inventario, definiendo si es la ideal o si sobrepasa lo necesario para desarrollar acciones preventivas junto con las personas usuarias. Se debe tener en cuenta, además, que para esta herramienta no existen acciones específicas para cada artículo.

Inventario crítico

Los materiales se caracterizan por la rotación, la complejidad en el abastecimiento y el impacto sobre los procesos. Sería precipitado catalogar a todo artículo de baja rotación como dispensable sin antes indagar un poco más sobre el costo-beneficio de mantenerlo almacenado.

La persona responsable del almacén de una empresa minera me comentaba que, al cierre de un inventario general, el departamento de administración le hizo ver que en un solo repuesto se tenían invertidos 120.000 dólares, lo que llamó su atención. Entonces consultó el registro kárdex para obtener más información y observó, con cierta sorpresa, que el repuesto no registraba movimiento en los últimos cinco años, exigiendo una explicación para mantener el artículo por tanto tiempo en el almacén, a lo que la persona responsable del mismo sonrió y le dijo: «En el momento en que la máquina excavadora falle y no tengamos el repuesto, la empresa podría perder dos millones de dólares diarios por ser esta máquina la principal para la operación».

Tiene sentido la respuesta, más aún al saber que ese repuesto no es fácil de conseguir; pueden pasar semanas o meses para que la empresa proveedora pueda atenderlo. Entonces, un inventario crítico es aquel que debemos tener, sin importar el valor que tenga ni el tiempo de permanencia.

Los inventarios críticos se encuentran en los diversos tipos de artículos. Una materia prima de baja rotación y con dificultades en el abastecimiento podría generar retrasos o paradas en el proceso de producción. Mientras que un producto terminado podría hacer que el cliente deje de comprar todo lo que tenía previsto.

Inventario por subcategorías

Al descomponer el inventario se observa que, independientemente de la rotación y del grado de importancia que los artículos tienen por el nivel de inversión y beneficio, pueden hallarse en tránsito cuando están moviéndose en la cadena a través de las diversas modalidades de transporte. Incluso, pese a encontrarse en el almacén, pueden seguir en el mismo estado y considerarse como no disponibles para el consumo o la venta, hallándose pendientes de ingreso al almacén por actividades propias al acondicionamiento o control de calidad y convirtiéndose en un escenario de evaluación de la modalidad de transporte.

Al cuantificar el costo de oportunidad en las empresas importadoras, se puede tener en cuenta, por ejemplo, que la mercancía estará inmovilizada en el barco el tiempo que dure la travesía. En ocasiones, y dependiendo de la negociación, tendremos que pagar a la empresa proveedora a la salida del puerto de origen. Para el caso de productos terminados, estos pueden venderse por anticipado, como ocurre con las compañías concesionarias vehiculares. En cambio, la materia prima debe llegar a los almacenes para poder disponer de ella.

Asimismo, hay que considerar el tiempo que tomará la fabricación y el plazo de crédito que brinde a su clientela. De trabajar aisladamente, estas actividades podrían terminar saturando el flujo de caja de la empresa. Por lo tanto, si buscamos reducir la cobertura de este inventario, deberemos anticipar las actividades de verificación y acondicionamiento a los eslabones anteriores de la cadena.

Respecto al transporte, optar por la modalidad aérea permitirá acortar los tiempos de reposición. Es claro que el costo se incrementará, pero tampoco concluyo que las importaciones deban ser constantemente aéreas. Quizás el peso y el volumen lleven a desestimar esta alternativa.

La industria del juguete –la más significativa en los ciclos estacionales– afianza sus niveles de cobertura para responder a los incrementos de la demanda del último trimestre del año, lo que determina una razón válida para aumentar el inventario. No obstante, las empresas comercializadoras son las más vulnerables a la obsolescencia de la mercancía, con lo que cobra mayor relevancia la gestión del inventario a partir del ciclo de vida, que determina la frecuencia, las cantidades de reposición y el modelo de pronóstico de demanda.

Como se muestra en la figura 3.2, en las etapas de introducción y de crecimiento, los esfuerzos deben estar orientados a garantizar los niveles de cobertura, para evitar la presencia de posibles roturas de inventario. Por su parte, en las etapas de maduración y declinación de la demanda se deben estrechar las sinergias de trabajo con las áreas operativas de la empresa, diseñando estrategias de recogimiento y precaución en la frecuencia y cantidades de demanda, al tiempo de evitar la posibilidad de terminar con altos volúmenes de mercancía al cierre del ciclo de vida o temporada.

Por esta última razón, los equipos de *marketing* crean promociones y descuentos como medios de liberación de inventario, aunque estos deben responder a planes de contingencia previamente establecidos en los cuales se conocen por anticipado las acciones que se deberán afrontar ante el incumplimiento de los objetivos referidos a la cobertura del inventario en cada etapa del ciclo de vida, representando un riesgo para los márgenes de

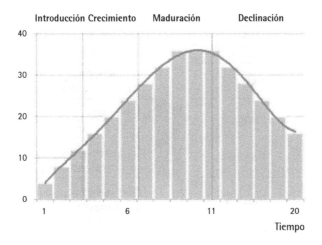

Figura 3.2. Ciclo de vida de los artículos.

la empresa, por lo que debe incentivarse la demanda a través de instrumentos y medios comerciales.

La última etapa puede estar sacudida por las promociones y descuentos que buscan mantener el menor saldo posible de inventario. Sin embargo, podría entenderse que la empresa pierde el margen que se ganó en las etapas donde la demanda cumplió o superó las expectativas.

Finalmente, si no se consiguiera el objetivo, no se almacenará hasta la próxima temporada, aunque en la práctica hay casos de empresas que prefieren inmovilizar el inventario antes de tomar medidas que potencien la demanda del artículo. En general, lo recomendable es optar por redistribuir la mercancía entre los puntos y las nuevas plataformas virtuales de compra.

Por último, están los obsoletos que, pese a tener baja probabilidad de venta o utilización, funcionalmente son aún útiles. Por ello, si se decide incrementar la cobertura, esta reflejaría una inadecuada interpretación de la demanda y de las herramientas de categorización.

Los parámetros genéricos de administración de inventarios (rotación e inversión) condicionan los niveles de disponibilidad y frecuencia de abastecimiento, mientras que al descomponer el inventario en subcategorías se amplía el espectro de decisiones al considerar la función e importancia que aquellos tienen dentro de la cadena de abastecimiento.

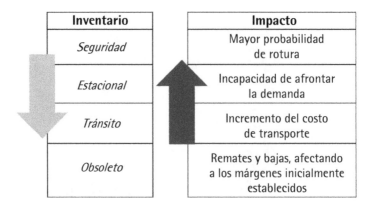

Figura 3.3. Inventarios por subcategorías.

Roturas de inventario

Para comprender los impactos que generan las roturas de *stock*, es decir la inexistencia de producto, es importante tener como premisa que estos pueden desencadenar efectos asimétricos e incuantificables dentro de la cadena. Es así que, en un punto de venta, quien compra puede sustituir el producto por uno alternativo, ir a otro local o quizá no volver nunca más, ampliando también el horizonte de su decisión al considerar que la falta de los artículos podría deberse a la escasez. Para reducir el impacto, podría adaptar su comportamiento de compra, incrementándose la dispersión de la venta y, por consiguiente, desvirtuándose el ciclo de abastecimiento.

Distinto es el impacto cuando la empresa proveedora deja desabastecido el punto de venta, lo cual genera un cliente exacerbado por retrasos en las entregas y, en la medida en que estas desatenciones sean reiteradas, esa persona insatisfecha podría optar por una fuente distinta de abastecimiento.

Para una tienda por departamentos, el resultado de este indicador tiene consideraciones distintas en su interpretación. Es decir, una rotura de *stock* significa que el artículo posee alta demanda y que el cliente deberá tenerlo en cuenta en una próxima compra. En ciertos sectores y artículos es posible estimar el costo a partir del impacto generado en la continuidad de la operación. Es así como la inapropiada administración de un artículo clave podría incrementar los costos agregados de reabastecimiento al elegir una modalidad de transporte con mayor rapidez de entrega.

Es posible, entonces, diferenciar costos asociados a la ocurrencia y a la magnitud estimada en términos de duración o número de unidades no vendidas a tiempo, elaboradas o con retrasos en el proceso productivo, pero estos no magnifican el impacto real sobre la pérdida de imagen de marca y punto de venta.

Para reforzar el análisis, compartiré los resultados de una breve encuesta realizada a 1.500 personas (clientes) y a 38 responsables de la administración de inventarios de supermercados. Entre sus puntos más importantes, este trabajo permitió entender el comportamiento de las personas al no encontrar el artículo que buscan en el punto de venta y las razones por las cuales estos se presentaron.

El 27 % de los clientes encuestados indicó que no habían hallado en tienda el producto que buscaban. Cada persona tiene una reacción distinta al respecto, pero gran parte de ellas decide ir a otro supermercado en busca del producto que no encontró, otro grupo opta por comprar una marca distinta o un producto sustituto, mientras que un grupo más reducido, conformado por el 16 %, regresa en otra ocasión.

Al indagar por la categoría de artículos en los cuales se presentó el incidente, se identificó que, de las cuatro categorías más importantes de esta actividad comercial, el 37 % de los faltantes en góndola se focalizó en alimentos, siendo esta quizá la más significativa en toda cadena de tiendas.

Desde el punto de vista de la planificación de inventarios, existen probabilidades adheridas al comportamiento, la variedad y las promociones de los artículos en cada punto de venta que, en ciertas ocasiones, no permiten identificar patrones de comportamiento de la demanda. La categoría de higiene personal –con un 29 %– es la segunda en estar expuesta a roturas de *stock*.

Para aminorar los impactos colaterales, las tiendas recurren a estrategias complementarias que resultan simples, pero efectivas, para lograr la lealtad de la clientela, valiéndose de promociones y programas de recompensas para que seleccionen la tienda y el *mix* de productos disponibles en góndola; mientras que, en sentido contrario, las empresas proveedoras tratan de incrementar la lealtad por sus marcas, por lo que desarrollan estrategias que no comulgan con el trabajo de equipo y que terminan siendo equidistantes.

El costo del 25 % de los faltantes de las tiendas es, en gran parte, asumido por la proveedora mediante notas de crédito por concepto de nivel de servicio o *fill rate* aplicables a la facturación de un período determinado y bajo la premisa de que «gracias al desabastecimiento de la empresa proveedora, el punto de venta ha dejado de vender».

En la figura 3.4 se resumen los resultados de la encuesta.

Causas de los faltantes en góndola según los administradores de inventarios

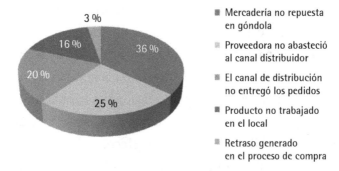

- Mercadería no repuesta en góndola
- Proveedora no abasteció al canal distribuidor
- El canal de distribución no entregó los pedidos
- Producto no trabajado en el local
- Retraso generado en el proceso de compra

¿Qué artículos no encuentras con mayor frecuencia?

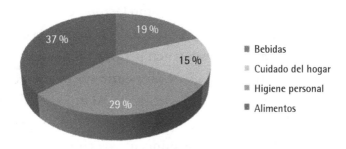

- Bebidas
- Cuidado del hogar
- Higiene personal
- Alimentos

¿Con cuál de las siguientes frases te sientes identificado cuando no encuentras un producto?

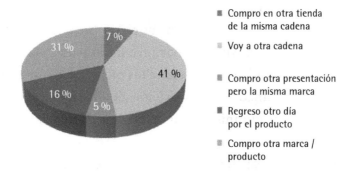

- Compro en otra tienda de la misma cadena
- Voy a otra cadena
- Compro otra presentación pero la misma marca
- Regreso otro día por el producto
- Compro otra marca / producto

Figura 3.4. Encuesta sobre faltantes de mercancía en góndola.

Picos de demanda

En determinada temporada del año, y sin importar el tipo de artículo, la demanda experimenta cambios inesperados que deben ser identificados y controlados con anticipación valiéndose de información cuantitativa y llevada a parámetros de interpretación cualitativos. Estas variaciones esporádicas incorporan en su estructura ocurrencias estacionales pasadas que, entendidas correctamente, podrían simplificar escenarios de riesgo e incertidumbre, así como reducir las probabilidades de que sus efectos adversos se repitan.

Estos picos no deben ser intuidos como simples hechos fortuitos y aleatorios que justifiquen el incremento desproporcionado de los inventarios como acción preventiva, asumiéndolo como nivel adicional de seguridad. Por el contrario, suelen representar patrones de comportamiento estacional recurrente y hay que interpretarlos como factores de corrección de tendencia para extrapolarlos y agregarlos dentro de la demanda e incrementar los niveles de cobertura del inventario en períodos similares.

Dichos picos se estabilizan al identificar entre sus componentes la media aritmética y las desviaciones de la demanda. Al no ser constantes, estos deben excluirse de los pronósticos, más aún si se identifica que comienzan a responder a efectos especulativos e incentivos comerciales, como descuentos, promociones y sistema de recompensas; también, como respuesta a la escasez o a cambios repentinos en una condicionante del mercado que propician un desbalance desmedido en la programación de las reposiciones, tanto en cantidades como en frecuencias.

Los picos en la demanda engranan sus ejes sobre la elaboración de planes de contingencia de movilización de inventario para cada etapa del ciclo de vida. Aun cuando cada respuesta ante los picos sea distinta, estos tienen como común denominador la agrupación de los siguientes sobrecostos, que hay que asumir y administrar para evaluar la eficiencia de la respuesta:

- **Abastecimiento anticipado.** Coordinar con las empresas proveedoras la operación de la próxima temporada podría tomar muchos meses de anticipación, teniendo en cuenta que deben desarrollarse actividades que van desde la elección del artículo, cantidades estimadas sobre la base de la demanda histórica, condiciones de entrega, generación de la orden de compra, recepción y disponibilidad en el punto de venta.

Este abastecimiento puede involucrar el pago anticipado a la proveedora, de tal manera que se generarían desfases en el flujo de caja de la empresa, ya que podrían no estar incluyéndose los períodos de créditos otorgados a los clientes, lo que pondría en riesgo la liquidez de la compañía.

- **Modalidad de transporte.** De presentarse emergencias ante posibles roturas de *stock* o aparición de nuevos artículos posteriormente a la etapa de planificación, es muy probable que se contemple una modalidad de transporte más rápida, aunque de mayor costo.

- **Capacidad de almacenamiento.** Quizá la temporada nos lleve a subcontratar espacios o, en el mejor escenario, a reducir la cobertura de los artículos que no representen mayor riesgo en la continuidad de la operación.

- **Ciclo de operación.** La carga de trabajo podría demandar una adaptación de los procesos y la contratación de personal eventual en la recepción, almacenamiento, despacho y logística inversa.

Los cuellos de botella ocurren durante períodos de picos de demanda cuando los recursos son escasos y no permiten afrontar estos cambios. Por tanto, se hace necesario prever que dichos picos ocurrirán con la suficiente antelación para mitigar sus consecuencias. Debemos elegir el horizonte de planificación con mucho cuidado: si es demasiado corto, no se podrán anticipar los cambios repentinos de la demanda; en cambio, si es demasiado largo, estas previsiones pueden ser vistas como poco confiables.

Los picos de demanda pueden tomarse como una oportunidad para aminorar los inventarios mediante ventas cruzadas con artículos complementarios o aquellos que no tuvieron la rotación esperada.

A pesar de la tendencia en los mercados por romper esos picos y llevarlos a un nivel de comportamiento mucho más predecible y menos disperso, este proceso de desestacionalización no solo dependerá de los esfuerzos que realicen en conjunto los integrantes de la cadena de suministros, porque estos responden a los usos y costumbres que las personas estén dispuestas a adaptar o adquirir.

Contar con empresas proveedoras alternativas permite que, frente a estas variaciones, podamos asegurar la disponibilidad del inventario. A pesar de ello, en ocasiones la cantidad planificada no logra satisfacer la demanda real y tampoco cubrir parte de esa variación estacional, siendo el desplazamiento de la demanda un concepto que, en la práctica, se presume como una opción viable de respuesta que propicia en la clientela la compra de artículos alternativos.

Los picos también pueden responder a cambios económicos, demográficos y ambientales, originando un nuevo balance entre la oferta y la demanda al acortar o exigir una mayor precisión sobre los tiempos de respuesta. Entre dichos factores, el cambio climático está haciendo, año a año, más impredecible el inicio y duración de cada temporada, al suspender o migrar el comportamiento de compra de artículos y servicios propios de cada estación mediante herramientas y estrategias para minimizar las probabilidades de roturas de *stock* y de excedentes. Y aunque algunas de estas variaciones sean parte de una coyuntura que se malinterpreta como un patrón de comportamiento, estas desarrollan nuevos precios sobre condiciones eventuales del mercado y crean una tangente difícil de revertir en el tiempo y capaz de crear desequilibrios socioeconómicos.

Las burbujas inmobiliarias dejaron constancia para la historia de que los picos en la demanda pueden ocurrir a consecuencia de cambios titubeantes en la coyuntura. Con frecuencia, estas variaciones no logran ser absorbidas dentro de la operación y, al extenderse de manera irresponsable, someten al mercado a consecuencias económicas irreparables. Esto nos enseña que la flexibilidad se vuelve necesaria, así como que el diseño de fuentes de abastecimiento, el despacho y el control múltiple resultan preponderantes para afrontar los impactos agudos y los cambios de estructura en la demanda.

La actividad logística difícilmente se detiene, sobre todo durante el último trimestre del año, cuando se incrementan los niveles de operación en casi todas las modalidades de actividad empresarial, principalmente en el sector minorista, donde es el juguete –de entre todos los productos comercializados– el causante de la alegría de los niños y niñas, quienes expresan sus deseos en extensas cartas con señales de alta prioridad, las mismas que se convierten en la inquietud de quienes tienen a su cargo anticipar esos requerimientos para garantizar la disponibilidad del regalo deseado en el punto de venta.

Como muchos de los agentes del mercado de los juguetes, los distintos bloques económicos forman parte del eslabón comercializador y se abastece, en gran medida, del mercado asiático. Por lo tanto, la relación con las empresas proveedoras es uno de los puntos neurálgicos para asegurar el oportuno abastecimiento de los productos para la campaña navideña.

Hoy en día, dado el aumento del consumo interno en China, el encarecimiento de los costos de transporte y una relativa escasez de algunas materias primas, las fábricas han direccionado gran parte de su capacidad productiva en satisfacer la demanda interna. La consecuencia de esto es el incremento en el tiempo de respuesta, el cual puede ser de varios meses, tiempo al que se deberá sumar el propio del transporte marítimo. En definitiva, se trata de aproximadamente seis meses que tardan en llegar los productos a los almacenes desde que se genera la orden de compra a la proveedora en China. Existen, además, factores internos que han hecho más complejo el proceso de abastecimiento que obedece a normas de seguridad de los juguetes.

Ante la dispersión de la oferta de las fabricantes, el sector minorista congrega una gran variedad de artículos que se renuevan cada año en alrededor del 70 % y que condicionan el diseño de nuevas estrategias entre las áreas comercial, de *marketing* y logística, con la finalidad de incrementar la disponibilidad del inventario en el punto de venta.

La programación de los despachos depende del tipo de cliente (sector minorista, institución, masivo y distribución local), cada uno de los cuales posee sus propios requerimientos, ya que las exigencias aumentan año tras año. Estos requerimientos de la distribución minorista se traducen en productos que deben ir etiquetados con el precio de venta al público, cajas rotuladas, paletizadas y separadas por local de destino. Para agilizar estas tareas, se deben coordinar previamente a través de portales de comercio electrónico entre empresas (B2B).

Por otra parte, la venta a instituciones puede requerir que los juguetes vayan equipados (pilas, baterías), envueltos en papel de regalo, e incluso rotulados con el nombre del hijo o hija a quien esté destinado el obsequio y dentro de una bolsa que contenga los regalos de toda la familia de cada miembro de la plantilla. Asimismo, se deben entregar en las distintas sucursales que posea cada empresa a escala nacional y, muchas veces, el mismo día en que esta realice la fiesta de fin de año.

Todos estos planes son transmitidos con anticipación a la cadena de suministro. Se debe considerar que más del 60 % del volumen anual de ventas se concentra en el último trimestre del año, por lo que es preciso alinear los objetivos de la campaña, lo cual implica contratación de personal adicional, abastecimiento de transporte (esquema propio y subcontratado), entre otros.

En muchos países, la «campaña del juguete» se extiende hasta la primera semana de enero, razón por la cual se alargan los esfuerzos logísticos para atender el 20 % de las ventas y se motiva al mercado a través de jornadas de descuentos virtuales, como los denominados *black friday's* o *cyber monday,* entre otros; esfuerzos que, en conjunto, representan solo el 15 % de las ventas de la campaña.

Las campañas navideñas fortalecen los principios de planificación de las cadenas de suministro y de la gestión de inventarios, demostrando que el éxito del área logística de la empresa no es un deseo navideño que esté al alcance de Papá Noel.

Niveles de inventario

Teóricamente, los dolores de cabeza que causan las anomalías en los inventarios se reducen al intercambiar información (inventario y demanda) entre los participantes de la cadena; pero, en la práctica, esto se logra estableciendo herramientas de medición de coberturas –mínimas y máximas– que sirven de alertas en la gestión de reposición para evitar las probabilidades de excedentes y roturas de *stock* (véase la figura 3.5).

Para que estas herramientas trabajen de manera ideal, se deben considerar los siguientes puntos:

- Los niveles de inventario son distintos en cada artículo, almacén y punto de venta.
- El tamaño es independiente a cada participante de la cadena, y este podría reducirse si se asume como algo implícito el intercambio y anticipación de la información.
- No son fijos en el tiempo; dependen de la variación de la demanda y de las mejoras que se puedan alcanzar respecto al tiempo de reposición y los pronósticos.

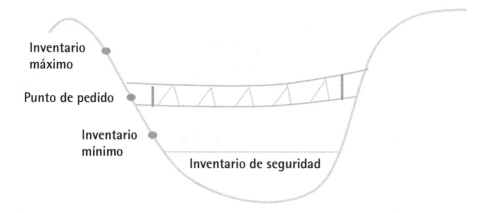

Figura 3.5. Niveles de inventario.

El inventario de seguridad debe ser asignado inicialmente a todo artículo de alta rotación, el cual nos permitirá minimizar las probabilidades de roturas de *stock.*

Veamos un ejemplo de una empresa que comercializa prendas de vestir para adolescentes. Durante 15 años ha sido la distribuidora exclusiva de la marca en la zona norte, alcanzando resultados que son materia de reconocimiento y aprendizaje para las demás distribuidoras. Ya en los últimos meses, como consecuencia de adaptar modelos de abastecimiento, han desarrollado su propia marca de accesorios, como carteras y correas. Las ventas han comenzado a escalar en sectores potenciales de mercado, presentándose la necesidad de establecer niveles de inventario para cada uno de sus artículos.

En la última reunión de planificación, el gerente de finanzas manifestó a los participantes que la empresa comenzaba a liberar inventarios. Apenas el 3 % de la mercancía era de baja rotación, y la capacidad para afrontar las deudas a corto y medio plazo estaba poniendo en una posición expectante a la compañía. Ante eso, desde la gerencia comercial se añadió que se había incrementado el nivel de servicio de 92 a 95 % en solo dos meses. En tal sentido, el gerente de operaciones de la empresa distribuidora de la zona sur solicitó que compartieran con ellos las herramientas que han permitido garantizar la disponibilidad del inventario. La persona responsable de abastecimiento resumió el secreto de su gestión en dos puntos:

1. Identificar la rotación de los artículos. Cuando estos son de baja rotación, el inventario de seguridad no representa mayor beneficio y, por el contrario, la empresa podría experimentar una inmovilización del dinero.

2. Identificar la criticidad y la incertidumbre tanto en el abastecimiento como en la demanda.

La capacitación fue breve. Se aplicaron conceptos teóricos para una prenda de vestir que comercializaban en común y para una cartera, considerándose la materia prima e insumos. La demanda promedio diaria de la primera prenda era de 45 unidades, y la proyección de demanda para el mes, de 900. Enviada la orden de compra a la empresa proveedora, la atención podría demorarse seis días, aunque en las últimas atenciones no había brindado la confiabilidad esperada (4, 7, 5 y 9 días). La demanda pronosticada y real de los últimos cuatro períodos de esta prenda de alta rotación es oscilante entre cada uno, como refleja la tabla 3.8.

A partir de estos datos se construirá cada nivel de inventario.

Inventario mínimo

Este nivel de inventario puede entenderse como el límite inferior de cobertura permitida, ideal para reducir las probabilidades de desabastecimiento, que se compone del tiempo de reposición de la empresa proveedora (Tr) y de la demanda promedio (Dp) para el período de evaluación.

Para determinar la primera variable se debe alinear el concepto al tiempo real que se emplea para atender. Inicialmente se hace referencia al tiempo que toma la proveedora desde la emisión de la orden de compra; aunque, en la práctica, algunas empresas añaden el tiempo que transcurre desde el requerimiento hasta la emisión de la orden de compra. Este puede ser breve o extenso, dependiendo de cuán burocráticas sean las etapas de aprobación. Finalmente, el tiempo real puede prolongarse a razón de la disponibilidad del artículo.

Concepto	1	2	3	4
Demanda real	990	850	830	950
Demanda pronosticada	940	880	860	920

Tabla 3.8. Datos de demanda para el cálculo de niveles de inventario.

Es necesario registrar en el sistema el momento en que el artículo ingresa al almacén, sin ignorar su estatus. En ocasiones, la disponibilidad se aplaza un tiempo adicional y se traslada los materiales en físico –y también en el sistema– a un subalmacén de tránsito, con la finalidad de realizar tareas de control de calidad y acondicionamiento de los materiales (figura 3.6).

Por lo tanto, el nivel mínimo de inventario está dado por la demanda del artículo que permita cubrir el período (t) de abastecimiento.

$$InvMin = Tr \times Dp \tag{3.2}$$

Para establecer la demanda del período podemos tomar como punto de referencia el dato histórico con mayor dispersión, aunque al considerarlo se podría sobrestimar el pronóstico. En cambio, al tomar la media aritmética de los datos, se asume que no están expuestos a comportamientos atípicos, lo cual nos aproxima a una demanda con menor margen de error:

$$InvMin = Tr \times Dp$$
$$InvMin = 6 \times 45 \text{ unidades} = 270 \text{ unidades}$$

Por ende, cuando el inventario descienda a 270 unidades, será el momento en el que se emitirá una orden de compra a la proveedora. Si este momento se atrasara y emitiéramos la orden de compra en una cantidad menor a lo propuesto, nos expondríamos a la rotura de inventario.

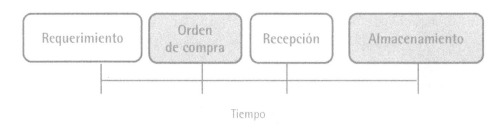

Figura 3.6. Composición del tiempo de reposición.

Inventario de seguridad

Este nivel adicional de inventario se establece sobre la base de la desviación estándar y de un factor de corrección, los cuales responden a la demanda que excede sobre la cantidad proyectada para un período determinado, así como de las variaciones que se presentan en el abastecimiento. Mientras el riesgo y la rotación del artículo se incrementen, nos veremos forzados –como medida preventiva– a aumentar el nivel requerido de seguridad para mitigar las fluctuaciones del mercado, descartando aquellos métodos que solo tomaban en consideración un porcentaje subjetivo de cada administrador de inventario, el mismo que debiera estar alineado a las capacidades financieras y operativas de la empresa.

La necesidad del inventario de seguridad difiere de acuerdo con el tipo de artículo. La materia prima es más sensible a los cambios en la oferta, y los productos terminados están más expuestos a las variaciones en la demanda del mercado. Estas premisas permiten elegir las variables y el método más apropiado para establecer un nivel de seguridad independientemente de la naturaleza del artículo. Si una empresa se dedica a la comercialización, el nivel de seguridad comprenderá el mayor escenario de probabilidad de que se presente una rotura de existencias, lo que atenuará la necesidad de inventario sin un incremento desmesurado de la cobertura.

La reducción de los niveles de seguridad en ambientes inestables –como la bajada de precios– permite evitar la inmovilización del capital, la obsolescencia y el vencimiento de los artículos. Estos niveles responden de inmediato a la variación de la demanda creando coberturas flexibles.

Existe una regla empírica en la administración del inventario que se anticipa a los efectos colaterales de la rotación, determinando que todo artículo de alta rotación está expuesto al desabastecimiento a razón del riesgo que brota como consecuencia de segmentar los artículos por la exactitud en los pronósticos y la complejidad en el abastecimiento. Respecto a lo primero, podríamos considerar que los artículos con menor margen de error en el pronóstico no requerirán mayor involucramiento de inventario;

también dependerá de la complejidad para asegurar el abastecimiento y de la importancia que tengan los artículos en la continuidad de las operaciones, consignando el inventario de seguridad como una medida preventiva para evitar la posibilidad de roturas de *stock* (figura 3.7).

Todo artículo sin problemas de pronóstico y abastecimiento no requerirá que se añada un nivel de seguridad, pero si este no es tan relevante podrían tomarse medidas de manejo de inventarios con la empresa proveedora.

$$\text{Inv. Seguridad} = Z\sigma \tag{3.3}$$

En este caso se muestra que la proveedora ha tenido problemas en los tiempos de atención y que ha habido fluctuaciones en la demanda. Entonces, es necesario establecer un inventario de seguridad a partir de la variación de cada período respecto a la media aritmética $(\overline{X})$, tanto en las atenciones históricas de la proveedora como en la demanda, para obtener las desviaciones cuadráticas. Ya con este dato se podrá determinar la desviación estándar, que debe ser interpretada como una variable de posición que muestra la distancia mínima y máxima de los datos respecto de la media aritmética. Tal desviación podría variar dependiendo de la cantidad de datos y de cuán dispersos se encuentren. Por ello, es importante retirar datos de comportamiento atípico.

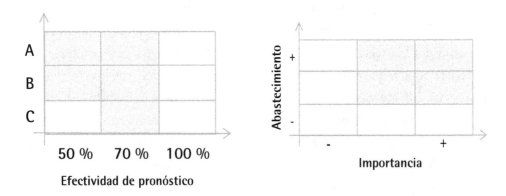

Figura 3.7. Consideraciones en el inventario de seguridad según importancia de los materiales.

Con los datos que se muestran en la tabla 3.9 se determina el sesgo de la demanda, el cual se obtiene de la diferencia de la demanda real respecto a la cantidad pronosticada. Para el primer período, 990 – 940 = 50, con los sesgos de cada uno de los cuatro datos se identifica la media aritmética (5). Esta permite definir la variación de cada valor respecto a la media. Para el primer período se debe restar 50 – 5 = 45.

Una manera de saber que estamos por buen camino es a través del acumulado de las variaciones en relación con la media, que debe dar siempre cero. Posteriormente, cada uno de estos valores obtenidos los elevaremos al cuadrado para establecer la desviación cuadrática, sumando luego cada uno de ellos (5.100) para poder reemplazarlos en la fórmula 3.4.

El mismo procedimiento es válido para las reposiciones considerando los datos de atenciones de la empresa proveedora que se muestran en la tabla 3.10. Con la desviación cuadrática ya calculada, se estima la desviación estándar reemplazando los datos en la fórmula 3.4. Para ello, tendremos en cuenta que, al trabajar con una muestra de datos, hay que restar 1 al valor de n. En el caso de que se trabaje con la población, se considerará solo el valor n.

Al reemplazar los datos de la demanda, la desviación estándar será $\sqrt{5.100/3} = 41$ unidades, entendiéndose esta cantidad como la probabilidad de incremento en la demanda respecto al pronóstico. Para el tiempo de reposición de la proveedora, la desviación estándar es $\sqrt{14,75/3} = 2,22$ días. Esto quiere decir que las atenciones de la empresa proveedora podrían

Sesgo de demanda	$(\overline{X})$	$(X_i - \overline{X})$	$(X_i - \overline{X})^2$	Z_i
50	5	45	2.025	1,10
–30	5	–35	1.225	–0,85
–30	5	–35	1.225	–0,85
30	5	25	625	0,61
		0	5.100	0

Tabla 3.9. Variación de la demanda.

Tr	$(\overline{X})$	$(Xi - \overline{X})$	$(Xi - \overline{X})^2$	Zi
4	6,25	−2,25	5,0625	−1,01
7	6,25	0,75	0,5625	0,34
5	6,25	−1,25	1,5625	−0,56
9	6,25	2,75	7,5625	1,24
		0	14,75	0

Tabla 3.10. Variación del tiempo de reposición (Tr).

tener un retraso o llegar antes de 2,22 días respecto a la media (6,25). A partir de esta desviación estándar se podrá estimar el valor Zi y completar los datos que se requieren en la fórmula 3.3.

El valor de Z debe ser entendido como una medida de corrección de posición relativa que define a qué distancia de la media se encuentra realmente un valor determinado o el más distante para considerarlo como un nivel potencial de protección.

Cuando el valor de Z es mayor a cero, se muestra que los datos son superiores a la media; si este es menor a cero, ocurre para datos por debajo de la media. Mientras que un valor igual a cero indica que no existe dispersión entre los datos.

$$\sigma = \sqrt{\frac{\Sigma(\overline{X} - X)^2}{n - 1}} \qquad (3.4)$$

$$Zi = \frac{(Xi - \overline{X})}{\sigma} \qquad (3.5)$$

El valor Z_4 de las reposiciones se obtiene al dividir $2,75/2,22 = 1,24$, debiéndose entender este valor como el número de desviaciones estándar que se encuentran respecto a la media de cada una de las atenciones de la proveedora. En el caso de la demanda, el valor Z_1 se obtiene de $45/41 = 1,10$, siendo este el margen de error más considerable en la herramienta de pronóstico. Estos valores serán el punto de referencia para el inventario de seguridad.

Con los valores de Z y la desviación estándar obtenidos, se establece el nivel de seguridad teniendo en cuenta que el análisis de la oferta está expresado en días, que se convierten en unidades al incluir la demanda promedio. Para entender la importancia del valor de corrección, el inventario de seguridad estará dado por el mayor valor que este tenga con signo positivo. En el caso del pronóstico, nos indica que estuvo por debajo de la demanda real y, en el caso de las atenciones de la proveedora, 1,10(41) = 45 unidades, el valor Z nos indica que nos protegemos sobre la base del peor incidente de atención de la proveedora ($[1,24 \times 2,22] \times 45$) = 124 unidades.

Entonces, ¿qué nivel de variación hay que considerar para establecer el inventario de seguridad? Algunos autores integran las dos variaciones afrontando cualquier escenario de riesgo, aunque al asumirlo podríamos sobrestimar el nivel de cobertura. Es conveniente, entonces, asumir la variación con mayor impacto como nivel de seguridad para absorber fluctuaciones que se encuentren por debajo de este.

Como se muestra en la figura 3.8, el inventario de seguridad –considerando los retrasos de la empresa proveedora– estará dado por la suma de la media aritmética con la desviación estándar corregida (6,25 + 2,75) y la variación en la demanda (5 + 45).

La matemática es sencilla y, como ciencia, no acepta que se sobrepongan las suposiciones. Podemos considerar otro método mucho más sencillo tomando la variación simple de la peor incidencia de atención de la empresa proveedora, que en este caso fue de nueve días, cuando inicialmente había ofrecido un tiempo de reposición no superior a seis días. Esto nos lleva a incrementar nuestra cobertura de inventario en tres días, cantidad adicional que se debe multiplicar por la demanda promedio diaria de 45 para obtener el inventario de seguridad expresado en unidades. Este es el riesgo de que la empresa proveedora pueda volver a desabastecernos. Es

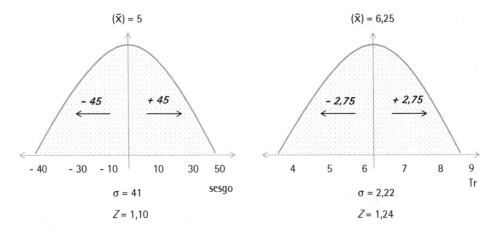

Figura 3.8. Inventario de seguridad según la desviación
en la demanda y los tiempos de reposición.

cierto que dicho nivel no asegura que la próxima atención sea menor o mayor a los nueve días, pero nos acerca a nuestros objetivos.

Los críticos más ácidos de esta metodología podrían afirmar que este segundo análisis es empírico y con una alta exposición al margen de error, mientras que quienes están en el día a día lo entienden como una medida significativa y útil respecto al comportamiento de los artículos.

Punto de pedido

En algunas oportunidades, el nivel mínimo de inventario no garantiza su disponibilidad porque está expuesto a retrasos en las entregas por parte de la empresa proveedora o a incrementos inesperados en la demanda. Cuando esto ocurre con el artículo, es necesario anticipar el momento de pedido y establecer el punto de pedido (PP), aquel que cubre al inventario con esa cantidad adicional que se ha asignado a manera de protección.

$$PP = InvMin + InvSeguridad \qquad \textbf{(3.6)}$$

Al existir riesgos, tanto en la oferta como en la demanda de este artículo, se deberá calcular el punto de pedido, que será el nuevo momento para coordinar la reposición con la proveedora.

$$PP = InvMin + InvSeguridad$$

$$PP = 270 + 124$$

$$PP = 394 \text{ unidades}$$

Inventario máximo

Los recursos financieros y los de almacenamiento determinan los límites superiores del volumen a almacenar para un período determinado. Este nivel de inventario es una alerta que sugiere no mantener una mayor cantidad a lo que se ha estimado vender (Pd) o consumir. Toda cantidad que supere este nivel máximo no será de mayor utilidad y podrá considerarse como excedente para el período.

$$InvMax = Pd + InvSeguridad \qquad \textbf{(3.7)}$$

Para determinar el nivel de inventario máximo permitido, se reemplazan los valores en la fórmula 3.7, es decir, 900 + 124. Este nos dice que no deberíamos mantener más de 1.024 unidades almacenadas para el período.

Como se muestra en la figura 3.9, cada semana el inventario decae regularmente en 225 unidades a partir del inventario máximo, lográndose definir el punto de pedido entre la segunda y tercera semana. Al representar gráficamente los niveles se obtiene información para anticipar y aproximar el momento de abastecimiento con la empresa proveedora. En la tabla 3.11 se muestran, en resumen, las fórmulas para calcular cada nivel de inventario.

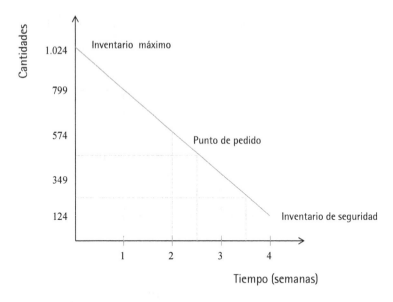

Figura 3.9. Niveles de inventario.

Nivel	Interpretación	Fórmula
Mínimo	Cantidad que permite cubrir el tiempo de reposición de la empresa proveedora	$Dpd \times Tr$
Seguridad	Cantidad adicional que protege de variaciones en la demanda y en el abastecimiento	$Z\sigma$
Punto de pedido	Reemplaza al mínimo cuando el artículo tiene inventario de seguridad	$(Dpd \times Tr) + Z\sigma$
Máximo	Es la cantidad ideal a almacenar	$Pd + Z\sigma$

Tabla 3.11. Cálculo para niveles de inventario.

Entre el inventario de seguridad y el mínimo, ¿cuál debería ser mayor? Se define el inventario mínimo para cubrir el tiempo de reposición y una cantidad adicional como seguridad que nos permita afrontar escenarios irregulares respecto a cantidades y comportamientos esporádicos en los períodos del abastecimiento y de la demanda. Es decir, si nuestra proveedora nos ofrece cinco días de atención, deberemos reabastecernos cuando la cobertura descienda a ese punto, pero si ocurriera una demora de cinco días o más en relación con la ofrecida, tendríamos que asumir mayores niveles de cobertura que bien podrían darnos una solución engañosa.

Inventario mínimo > Inventario de seguridad

En la actualidad, muchas empresas coexisten en entornos de financiación para las proveedoras y asumen como propios los riesgos, la incertidumbre, las deficiencias en el intercambio de información y en los métodos de pronóstico de demanda, encubriéndolos mediante niveles de seguridad sin objetivos claros ni medibles, que resultan en paliativos bastante costosos para un problema mayor.

Para reducir los niveles de seguridad, habría que acortar los tiempos de entrega a fin de disminuir la incertidumbre de la demanda. En lo posible, deberían buscarse fuentes de abastecimiento local que ofrezcan tiempos de entrega cortos. Además, las proveedoras podrían ser más confiables si los planes de abastecimiento fueran compartidos con ellas. Es probable que los retrasos se estén generando en nuestra empresa y que la proveedora no sea responsable de estos problemas, lo cual podría, en el medio plazo, resultar poco atractivo para esa proveedora, que perdería el interés. A las proveedoras también les importa trabajar con empresas que sean ordenadas en sus operaciones.

Metodologías de reposición

Las reposiciones deben mantener una lógica de programación, y no tan solo responder a problemas de desabastecimiento y comunicación, administrando los recursos que intervienen en la planificación del abastecimiento. En ellas se acoplan conceptos referidos al aprovechamiento de los tiempos y las cantidades, fijando herramientas que permitan satisfacer los niveles de cobertura y servicio.

Reposiciones programadas

Cuando los artículos son de poca importancia para la operación, lo más recomendable es asignar una fecha fija para la reposición. Las cantidades pueden variar entre un período y otro, aunque estas dependerán de la demanda que se requiera cubrir hasta el siguiente período de reposición, adicionándole el tiempo de abastecimiento. En la figura 3.10 se muestra cómo el inventario disponible disminuye sobre una base irregular a medida que se usa para atender la demanda hasta que se alcanza el final del período.

Como suele ocurrir con los útiles de oficina, la compra de este tipo de artículos no se realiza cada vez que las personas usuarias tienen un requerimiento. Por el contrario, se establecen fechas fijas debido a la poca importancia de los artículos para la operación: si una persona no cuenta con un lápiz, la empresa no se verá afectada en la eficiencia de su trabajo.

Reposiciones no programadas

La posición del inventario se controla después de cada entrada y salida de mercancía de modo continuado. Cuando el inventario desciende hasta el

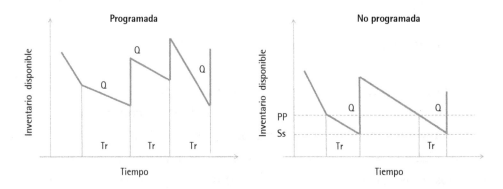

Figura 3.10. Reposiciones programadas y no programadas.

punto de pedido, se coordina con la empresa proveedora un nuevo abastecimiento de una cantidad fija o variable, que dependerá del tiempo y la variación en la reposición. El tiempo entre las órdenes no es constante de acuerdo con la naturaleza aleatoria de la demanda. En la figura 3.10 se observa que el inventario disminuye a medida que se atiende la demanda hasta que alcanza el punto de pedido.

Si el repuesto de una maquinaria pesada llega a su punto de pedido, la compra debería realizarse sin mayor retraso, justificando la necesidad del abastecimiento en la importancia que tiene el repuesto en la operación y descartándose la posibilidad de decirle al área de mantenimiento que deberá esperar a una fecha establecida.

La decisión no es genérica para todas las empresas. Esta depende de las condiciones del mercado y de la importancia que pueda tener el artículo en cada operación. En la mayoría de las compañías se establece una reposición programada a los útiles de limpieza, pero este criterio podría cambiar en un hospital, por ejemplo, donde esos elementos desempeñan un papel importante en la ejecución del servicio.

Las reposiciones también pueden estar condicionadas por el nivel de inventario máximo o mínimo en escenarios constantes y confiables de abastecimiento de los proveedores. Normalmente se diseñan los dos métodos que se describen a continuación para la atención de puntos de venta o centros de distribución (véanse figuras 3.11 y 3.12).

Impacto	*Stock* máximo	*Stock* mínimo
Niveles de existencias		
Nivel de servicio		
Incidencias de devolución		
Costo de almacenamiento		

Figura 3.11. Impactos de los métodos de reposición.

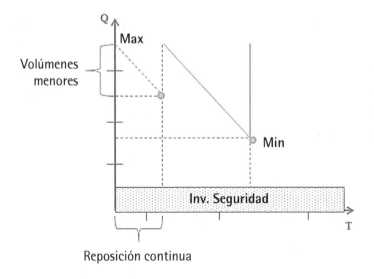

Figura 3.12. Reposiciones sobre el máximo y el mínimo.

Reposiciones al máximo

El abastecimiento es frecuente y la cantidad variable, definiéndose a partir del volumen atendido (despachado o vendido) en un período determinado. Esta estrategia permite contar con altos niveles de servicio como consecuencia de la alta disponibilidad de inventario y reposiciones inmediatas. Los riesgos se centran en el despacho, siendo importante, asimismo, considerar las fechas de vencimiento para disminuir los costos de logística inversa.

Reposiciones al mínimo

La frecuencia del abastecimiento es menor, y la cantidad de reposición es usualmente fija. Al trabajar esta estrategia, nos sujetamos al cumplimiento del tiempo de reposición de la empresa proveedora. Diseñarla para el abastecimiento de los centros de distribución y puntos de venta favorece la rotación, la optimización de la capacidad instalada y el costo de almacenamiento, lo que impulsa el flujo comercial del producto al disminuir las operaciones por devoluciones, aunque deja en riesgo los índices de nivel de servicio por bajos niveles de cobertura.

¿Qué modelo de gestión elegir para nuestra empresa?

La reposición enfocada al máximo permite contar con altos niveles de disponibilidad de productos que benefician directamente a los niveles de servicio, de modo que las personas encontrarán el producto en el punto de venta cuando lo requieran. Esta decisión impactará desfavorablemente en el costo de almacenamiento, aquel que se debe comenzar a cuantificar para evaluar el costo/beneficio de incrementar los niveles de disponibilidad.

En cambio, al optar por una reposición al mínimo, esta se realizará cada vez que se llegue a nuestro nivel de reposición, disminuyendo los niveles de servicio cuando la cobertura descienda. El costo de almacenamiento y las devoluciones por excedentes también experimentarán un efecto positivo.

Por lo tanto, bajo las variables analizadas se puede identificar la metodología más apropiada para la empresa. El éxito de la estrategia a emplear no solo está en la capacidad de almacenamiento y financiera, sino también en el intercambio de información y la capacidad de respuesta de nuestra cadena de suministro.

La reposición también debe entenderse en consonancia con el volumen de actividad de la empresa, el tipo de materiales que se administra, las capacidades de almacenamiento y la flota de vehículos, entre otros factores. Estas reposiciones pueden ser también para atender lo vendido o buscando dar cobertura al almacén o tienda para un cierto período y disminuir la frecuencia de reposición.

Lote económico de compra

Entendido como un modelo de reposición basado en cantidades y períodos fijos, determina la relación entre los volúmenes requeridos y los costos asociados al abastecimiento. A través de este modelo –conocido como Wilson– se establece que las compras deben realizarse sobre la base de un lote fijo tomando como supuesto que la demanda es uniforme (constante y continua).

En el abastecimiento no se hacen entregas parciales; el tiempo de entrega y los costos son constantes. La cantidad económica de pedido (o EOQ, por sus siglas en inglés *economic order quantity*) será óptima cuando se satisfagan estas suposiciones. Para llevar a cabo el análisis se requieren las siguientes variables:

$$EOQ = \frac{\sqrt{2 \times D \times K}}{b \times t}$$

Donde:

D: Demanda anual del artículo.
K: Costo de emisión del pedido.
b: Costo unitario del artículo.
t: Costo de almacenar.

La demanda y el costo unitario son datos que pueden establecerse sobre la base de la información del sistema de la empresa. En cambio, para determinar el costo de almacenamiento en esta fórmula, se toma un porcentaje del costo del artículo. El costo de emisión del pedido requiere un levantamiento de información detallado de los insumos empleados desde la emisión del pedido hasta su atención, teniendo en cuenta costos relacionados con el tiempo empleado por el personal, la utilización de papel, la tinta para la impresión de la orden de compra y otros recursos.

Desarrollado en 1915 por Ford Whitman Harris, y analizado y puesto en práctica por R. H. Wilson en 1934, en aquel entonces este modelo no resultaba tan complejo al determinar las fuentes de dicho costo. En la actualidad, podría resultar tedioso y poco provechoso detallar el costo por hoja impresa, utilización de internet y línea telefónica.

Este método es una herramienta subjetiva que, a pesar de los esfuerzos desmesurados de diversos autores por acercarnos a una herramienta uniforme para hallar los costos de almacenamiento y de adquisición, estos dependerán de la interpretación y elección de variables por parte de cada responsable del inventario.

En la actualidad hay empresas que, sin realizar ningún análisis, siguen incorporando esta herramienta en el proceso de planificación de inventarios y abastecimiento. Muchos colegas y clientes valoran el lote económico de compra como una herramienta que nos aproxima a las cantidades ideales que se requieren para rentabilizar el abastecimiento.

Una empresa fabricante de productos derivados de aceituna trabajó durante dos años las reposiciones de la materia prima con este método, definiendo un valor referencial de costo de adquisición y de almacenamiento, lo que estableció la compra en bloques de 100 kilos de un tipo de aceituna. El consumo entre pedido podía variar y afectar a las coberturas de inventario al verse forzada a comprar según el bloque propuesto.

En ciertos períodos, el volumen requerido debía adecuarse a este lote de compra. Por ejemplo, hubo meses con demanda de 730 kilos, pero la herramienta limitaba la cantidad de abastecimiento a 800 kilos. El lote económico pudo haber sido una cantidad distinta que comprometiera una menor inmovilización de inventario, pero la subjetividad de los datos elegidos determinó que las cantidades fueran tomadas como valores predefinidos –los cuales distan de lo eficiente–, perdiendo en el tiempo su validez como herramienta de reposición.

Costo de almacenamiento

La rentabilización del inventario define como eje principal para la estimación del costo de almacenamiento de los materiales aquel que permite identificar si aportan o no en los márgenes de la compañía, evitando que se conviertan en un instrumento financiero. Así se establece el beneficio que significa en el tiempo sobre el volumen de compra y las condiciones de descuentos ofrecidas por la empresa proveedora por conceptos como exhibición, rotación y economía de escala, entre otros; escenarios que permiten reducir el costo directo de compra, convirtiéndose en un elemento de negociación sujeto al conocimiento de la estructura de costos, así como las consecuencias colaterales para el almacén y la liquidez.

Diversos autores incluyen variables asimétricas para obtener el costo de almacenamiento, al descomponer la esencia que este debe preservar en la elección de los elementos que influyen de manera directa en el resultado. En la tabla 3.12 se muestran las consideraciones de tres autores. Se observan componentes subjetivos y otros que bien podrían formar parte de la estructura del costo operativo o logístico y que no deben influir sobre el costo de almacenamiento de los artículos.

Asignar valores sin un método estándar nos expone a resultados cuestionables. Como se observa en la primera fórmula, el autor propone atribuir un valor referencial por cada palé utilizado en el almacenamiento del artículo, dimensionando así la variable espacio. El costo por unidad de almacenamiento se establece sin una base teórica sólida que respalde el análisis.

Mientras tanto, López incorpora variables que forman parte del costo administrativo y financiero, para mostrar el almacenamiento descentralizado como una alternativa ineficiente vista desde la evaluación de este costo al tenerse en cuenta los impuestos que se deben pagar por la utilización del espacio, el cual no debería influir en la decisión del manejo de inventario. Un artículo no debería tener costos distintos por mantenerlo en dos o más almacenes que operen bajo las mismas condiciones.

De dicho autor se destaca que considera el espacio a través de valores más exactos utilizando el metro cuadrado o el metro cúbico. En un segundo método propone como base el costo unitario del artículo para determinar qué proporción debe tomarse como costo de almacenamiento,

Autor	Variables	Fórmula	Observaciones
Anaya, 2007	C: Costo del artículo	$Ca = [(St.\ Prom/Pq) \times Pc]/$ $(St.\ Prom \times C)$	El autor no hace hincapié en el costo por unidad de almacenamiento
	St. Prom: *Stock* promedio		
	Pq: Contenido unidad de almacenamiento		
	Pc: Costo por unidad de almacenamiento		
López, 2010	Financiación	$Ca =$ $(Am + Fn + Rp + Sg + Imp)/m^2$	Se consideran costos administrativos y financieros
	Amortización		
	Mantenimiento		Dimensionamiento del espacio por metro cuadrado y cúbico
	Seguros		
	Impuestos		
	Metro cuadrado / cúbico		
López, 2010	C: Costo del artículo	$Ca =$ $(TMS \times C \times St.\ Prom)/$ $St.\ Prom$	El costo considerado a partir de un porcentaje
	St. Prom: *Stock* promedio		
	TMS: Tasa porcentual sobre el costo del artículo		
Ferrín, 2010	Financiación	$Ca =$ Costo anual de posesión/ $St.\ Prom$	Los costos considerados son de operación
	Suministros		
	Sueldos de personal		
	Amortización		
	Seguros		
	Pérdidas por robo u obsolescencia		

Tabla 3.12. Costo de almacenamiento.

porcentaje que apela –al igual que en el primer caso– a una fijación empírica del costo basado en la experiencia.

En tanto, Ferrín incluye costos referidos a amortización y financiación; al mismo tiempo, costos operativos tales como suministros, sueldos de personal y seguros. De tomarlos en consideración, tendríamos que llevar un control del agua y luz que consume no solo el almacén, sino también cada área de la empresa, así como reducir el sueldo o contar con menor cantidad de personal para obtener el resultado esperado.

Sin embargo, el costo de almacenamiento (Ca), como se muestra en la fórmula 3.7, define sus bases sobre el espacio (e) que ocupa un artículo en cierto período, tomando el costo unitario como punto de partida, pero no para aplicar un porcentaje cualquiera que apele al empirismo. Este debe establecerse según el factor de tiempo que resulta de la proporción entre el tiempo de permanencia (Tp) y el período de evaluación (Pev), el cual deberá ser determinado al identificar si el artículo es de reposición constante, para asignarle un valor de 360 días. En caso de que el artículo sea de demanda estacional, deberán tenerse en cuenta los días que lo conforman.

Respecto al espacio, puede medirse por metro cuadrado, metro cúbico o ubicaciones utilizadas. En ciertos almacenes, cuando las dimensiones de cada espacio en los *racks* o anaqueles son fijas, lo recomendable es trabajar con esta última unidad de medición. También podríamos tener en cuenta que las buenas prácticas de almacenamiento enfatizan que en una ubicación no debería almacenarse más de un artículo. Es decir, si la capacidad está utilizada al 100 % o en un porcentaje distinto pero mayor a cero, podría considerarse como un espacio utilizado.

$$Ca = (e)(Cu)(Tp/Pev) \hspace{3cm} \textbf{(3.8)}$$

La persona responsable de logística de una empresa comercializadora de griferías debía solicitar a la casa matriz, ubicada en Italia, lotes mínimos de 8.000 unidades en los productos terminados, que excedían la demanda estimada para el año. Durante las reuniones semanales de planificación, advertía que la rotación y el volumen de venta de estos artículos no compensaban las cantidades compradas, a lo que recibía como respuesta de la gerencia comercial que no podían dejar de abastecer esas griferías porque los márgenes eran muy importantes para la empresa, condicionando así el abastecimiento por falta de herramientas para determinar el margen real de los materiales almacenados.

El costo unitario de la grifería ascendía a casi 10 dólares, mientras que el precio de venta, a 27,45 $. La demanda mensual era de 400 unidades, que se almacenaban en un solo espacio en el *rack*. Con estos datos, desde la gerencia de logística se buscó identificar si la compra era tan rentable como afirmaban en el área comercial.

En resumen, se muestran los valores para realizar el cálculo del costo de almacenamiento:

Volumen de compra: 8.000 unidades.
Demanda mensual: 400 unidades.
Cobertura (días): 600.
Espacio: 1.
Costo unitario: 9,98 $.
Precio de venta: 27,45$.
Margen: 17,47 $.

Aplicados estos valores a la fórmula 3.8 se obtiene:

Ca = (e)(Cu)(Tp/Pev)
Ca = (1)(9,98)(600/360)
Ca = 16,64 $

Así, al reemplazar los valores según la fórmula 3.8 se observa que el costo unitario de almacenamiento por ocupar un espacio durante veinte meses corresponde a 16,64 $, valor que podría cambiar a partir de las variables de espacio, tiempo de permanencia o costo unitario, que correlacionan directamente con su variación. Por ejemplo, si se incrementa el tiempo de almacenamiento a 1.200 días, el costo sufrirá un aumento en la misma proporción. Lo mismo ocurrirá al necesitar una mayor cantidad de espacios o al soportar un incremento del costo unitario. En este caso se puede definir que el costo de almacenamiento determinaba que no era rentable el abastecimiento de 8.000 unidades al dejar un margen neto de 0,83 $.

La respuesta del área comercial –respaldada por contabilidad– fue plantear una serie de dudas: si el almacén es propio, ¿a quién le pagaríamos por el costo de almacenamiento?, ¿o tendríamos que cobrarle a la clientela?, ¿tiene algún sentido calcular este costo? Bien podrían ser un par de dudas válidas para no tomar en consideración dicho costo. El cliente no va a estar dispuesto a pagar por nuestras decisiones incorrectas y sus consecuencias financieras; tampoco pagaríamos por el costo al ser este un esquema de cálculo para almacenes propios.

El análisis no debe limitarse al cobro o pago del costo de almacenamiento, sino que debe abarcar una evaluación en torno al capital invertido y sus efectos sobre la liquidez de la empresa. Los descuentos son buenos, pero a menudo esconden intenciones de la empresa proveedora por trasladar el inventario a nuestros almacenes, lo que desencadena problemas posteriores referidos al excedente de inventario.

Inventario cero

La adhesión de conceptos con estrategias que buscan rentabilizar la administración de los inventarios redefine en estructura los objetivos comerciales y operativos, para los cuales se establece en las empresas la necesidad de contar con un inventario, donde las condiciones de mercado propician el desarrollo de estrategias que liberan recursos financieros inmovilizados.

Como consecuencia del fin de la Segunda Guerra Mundial (1939-1945), una de las economías más afectadas fue la japonesa. Tras capacitar a sus mejores ingenieros en plantas industriales de Estados Unidos, puso en práctica los mejores conceptos aprendidos y redefinió otros que le permitieron dejar de lado la falta de recursos naturales y la breve extensión territorial, decidiendo por el empleo eficiente de aquellos gracias a una filosofía de mejora continua.

En principio, los japoneses identificaron como fuente de reducción de costos el desprendimiento de altos niveles de cobertura sujetos al desarrollo de sinergias colaborativas con las empresas proveedoras para el abastecimiento y disponibilidad de materiales, lo que definieron como «justo a tiempo» *(just in time)*, que se convertiría en un paliativo ante los excedentes y, también, en una consecuencia de formar parte de una cadena de suministro rápida y dinámica.

Con el transcurrir del tiempo aparecieron detractores que advertían sobre los eventuales riesgos que genera la alta exposición ante errores que se presentan en todo proceso productivo; había que mantener la ecuanimidad de la frontera entre el nivel de inventario y la disponibilidad, pero sin distanciarse de los costos y beneficios.

Reducir la cobertura del inventario sin objetivos específicos implica costos. A pesar de que una eventual disminución del mismo podría generar ahorros, este sistema de inventario cero debe entenderse como una alternativa factible, y de gran beneficio, sobre el capital de trabajo, costos de almacenamiento y costos inherentes a materiales inmovilizados, sin dejar de lado los beneficios por reducir los niveles de obsolescencia, capacidad de almacenamiento y recursos operativos, siempre que esa reducción no afecte significativamente a los niveles de disponibilidad que satisfacen las necesidades de la clientela y no ponga en riesgo la capacidad de producción ni su continuidad.

Distinta es la interpretación con materiales de demanda inestable, que requieren una mayor cobertura para esos períodos irregulares, lo que dificulta la adaptación del inventario cero. Casi todas las empresas y oficios van a necesitar inventario para continuar con su operación, haciendo de este concepto un modelo idealista de manejo de inventario. Apostar por la forma, y no por el fondo del principio de este sistema de manejo de inventarios, nos sumergirá sin botella de oxígeno en la insolvencia de la empresa.

El inventario cero tiene una clave: no debe ser interpretado como una solución inmediata para la reducción de costos, ni desestimar factores que influyen en la correcta interacción del nivel y la disponibilidad del propio inventario, lo cual podría traer efectos colaterales, como el encarecimiento en los costos de transporte –inducido por el aumento de lotes y la frecuencia de reabastecimiento–, y hacernos retroceder en nuestro objetivo inicial.

Matriz de segmentación

Al considerar el volumen de compra y la rotación de los artículos, es posible diseñar una matriz que categorice los materiales en cuatro cuadrantes, según el grado de importancia que tienen en el abastecimiento. También se podría tener en cuenta otras variables, como el impacto en la operación y la importancia de los materiales. Para planificar el abastecimiento, es importante considerar que las estrategias deben ser diferenciadas y que los materiales no pueden ser administrados por igual. Esta matriz permite aprovechar los tiempos y direccionar los esfuerzos (figura 3.13).

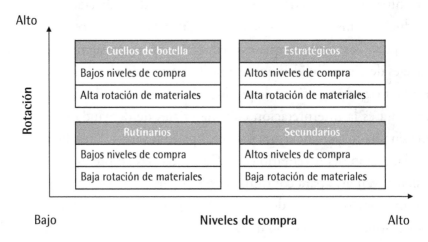

Figura 3.13. Matriz de segmentación.

Un artículo es «estratégico» cuando tiene alta rotación en la empresa y altos volúmenes de compra para la proveedora; son aquellos que no deben faltar y en los cuales nuestros esfuerzos deben garantizar su disponibilidad. Es decir, al ser importantes para ambas partes, nos dan la posibilidad de establecer acuerdos comerciales (políticas de canjes y devoluciones, costos fijos para un período, etc.) y acuerdos operativos (por ejemplo, entregas parciales por parte de la empresa proveedora).

Los artículos «cuello de botella» ponen en riesgo el abastecimiento. Una empresa del sector agroindustrial le solicitó a la principal empresa fabricante de envases de vidrio del país la elaboración de sus envases y, a pesar de que anticipó con mucho tiempo sus requerimientos, estos resultaron poco atractivos para el proveedor. Tener un bajo volumen de compra podría condicionar y exponernos al incumplimiento de las atenciones al optar por empresas proveedoras para las que no somos tan importantes por ser un cliente más en su facturación. La clave está en no mantener ese tipo de proveedores y conseguir otras fuentes de abastecimiento para quienes podamos ser considerados estratégicos.

Los «secundarios» siempre estarán presentes en la operación mientras haya escasez, variación de precios, descuentos por volumen, lotes mínimos de despacho y de fabricación, aunque se debe evitar que estos puntos se conviertan en justificaciones ante decisiones de mantener coberturas altas de inventario.

Por ejemplo, una empresa proveedora de imprenta difícilmente atenderá un pedido de unidades. Es posible que, ante tanta insistencia, termine elaborándolas, pero a costo de un mayor volumen (por ejemplo, un millar). Lo importante en este tipo de artículos es negociar el costo a una escala menor; mientras que los artículos rutinarios no representan mayor riesgo para la operación, y se pueden diseñar acciones colaborativas con la proveedora.

Inventario gestionado por la empresa proveedora

Desde sus inicios, las bases teóricas de la gestión de inventarios han propiciado el desarrollo de conceptos para que la administración esté en manos de la empresa proveedora, lo que se conoce por las siglas VMI (por *vendor managed inventory*) y se resume en la tabla 3.13. Los esfuerzos por concretar una metodología que mejore las coberturas sin caer en excedentes se han visto capitalizados en los artículos estratégicos que no son parte esencial de la actividad empresarial, pero que demandan altos niveles de servicio que se alcanzan a partir de los siguientes elementos:

- **Colaboración.** El cliente debe estar presto a brindar información de los consumos para que la empresa proveedora pueda prever el abastecimiento, propiciando un ambiente de confianza y responsabilidad mutua.

- **Ahorro en costos.** La planificación favorece los niveles de inventarios, lo que reduce los costos relacionados con el almacenamiento.

- **Capacidad de respuesta.** Se reduce el tiempo de abastecimiento y los niveles de roturas de inventarios.

- **Proceso.** Es necesario establecer un diagrama que describa las actividades del abastecimiento, para identificar las responsabilidades de cada área y empresa.

Descripción	Inventario administrado por la empresa proveedora
Responsable	Proveedora
Ventajas	Reducción de costos por mantener inventario
	Nivel de servicio
Desventajas	Concentración del riesgo
	Poder de negociación por parte de la empresa proveedora

Tabla 3.13. Consideraciones del VMI.

La gerencia de logística de una empresa minera solicitó a las compañías compradoras que identificaran los artículos que se hallaban en el cuadrante principal de la matriz de segmentación, y que definieran los reactivos, explosivos y repuestos de maquinaria pesada, los dos primeros de vital importancia para el desarrollo de las operaciones en esta actividad empresarial, mientras que los últimos aumentaban los costos operativos y los relacionados con el almacenamiento. Pese a su importancia para la continuidad de la operación, estos fueron puestos a disposición del proveedor al no ser foco principal del negocio, y se optó por brindarle un espacio en el campamento para que instalara un almacén. Con o sin contratos de por medio, este método se sostiene en el tiempo gracias al intercambio de información.

La minera no tenía que preocuparse más por el desarrollo de herramientas y estrategias para la disponibilidad del inventario; en adelante, tal responsabilidad sería asumida por la empresa proveedora. En este caso, la clienta solicitaba –como política de operación– disponibilidad de inventario al 100 %. Si necesitaba un repuesto, el proveedor no podía dejar de atenderlo, y tenía a su disposición toda la información relacionada con los mantenimientos tanto preventivos como correctivos realizados y programados en las máquinas de la minera.

Brindar un nivel de servicio al 100 % requiere esfuerzos y costos operativos que la empresa proveedora debe cubrir y que se verán reflejados en el precio de los repuestos, todo lo cual será distinto al esquema tradicional de abastecimiento y se solicitará, además, un volumen mínimo y exclusividad en la compra. Para el cliente, este método de administración de inventario tiene como principal beneficio la reducción en la valorización contable y la carga impositiva. Y aunque dicha estrategia suene similar a la consignación, la administración del inventario en esta última corre a cargo del cliente, tanto en el sistema como en el físico.

También puede confundirse con la tercerización. Pese a ceder la administración del inventario a una tercera parte, el VMI no cumple con el requisito principal. Al no pertenecer el inventario al cliente, y aun cuando sea una estrategia muy empleada en los sectores de minería y construcción, puede adaptarse a cualquier actividad empresarial cuyo requisito principal es que los artículos sean importantes para ambas partes.

Aplazamiento

Con el tiempo, el exceso de oferta en los mercados y la aparición de nuevas tendencias en la administración de los materiales han favorecido el desarrollo de enfoques repentinos que responden a la necesidad de romper los moldes de lo convencional a través de conceptos como la personalización masiva, que está permitiendo a la clientela tener la libertad de agregar, modificar o eliminar aspectos físicos del producto terminado.

Conocido también como *postponement*, este método de administración de inventario consiste en almacenar el producto en proceso que intervenga en la elaboración de dos o más productos terminados, a la espera de conocer con certeza la demanda para terminar con la elaboración y minimizando la inmovilización de materia prima e insumos en productos terminados con baja rotación (figura 3.14).

Es un enfoque que no ha tenido mayor protagonismo durante décadas, pero que hoy en día empieza a ser considerado como una opción atractiva para hacer viable la propuesta del inventario cero. Es fácil observar cómo

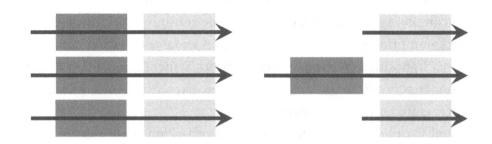

Flujo sin aplazamiento   Aplazamiento del manejo de inventario

Figura 3.14. Aplazamiento o *postponement*.

empresas fabricantes de muebles y textiles sostienen sus operaciones bajo este enfoque. Son pocas las tiendas de muebles a las que podamos acudir y donde encontremos un inventario de los modelos que exhiban. Algo similar ocurre con las fabricantes textiles, las cuales mantienen en inventario algunos avíos de uso común que pueden servir en el proceso de dos o más productos terminados.

Sin componentes comunes, la diferenciación del producto terminado ocurre casi al principio de la cadena, y la mayor parte del inventario es desagregado. El aplazamiento permite a los participantes de la cadena sacar provecho a los conceptos de agregación de inventarios para reducir los niveles de seguridad sin afectar a la capacidad de respuesta.

Planificación participativa, pronóstico y reabastecimiento

Desde 1995, este concepto, conocido también como *collaborative planning forecasting and replenishment* (CPFR), ha evolucionado hasta convertirse en una herramienta fundamental en portales electrónicos de coordinación para el pronóstico de la demanda, la planificación de la producción y el abastecimiento entre los participantes de la cadena. El punto ideal de la colaboración es el pronóstico de la demanda a nivel del comercio al detalle. Aunque es de aplicación a cualquier actividad, este ha sido aprovechado en sectores de consumo masivo, textil y minorista al intercambiar información de planes confiables y de largo plazo sobre la demanda futura de la cadena, mejorando la visibilidad.

Como ocurre en la mayoría de las nuevas iniciativas, estas podrían lidiar con paradigmas y resistencias al cambio. Uno de los escollos más significativos es la falta de confianza sobre la información que se comparte entre los miembros de la cadena; aunque, si fuera contradictorio al objetivo entre un proveedor y un cliente, pondría en riesgo este proceso de pronóstico compartido.

A pesar de los paradigmas, esta planificación colaborativa brinda los siguientes beneficios para la cadena respecto a los inventarios:

- Reduce los niveles de inventario y en especial el de seguridad.
- Disminuye los costos de almacenamiento y de operación.
- Optimiza los niveles de rotación y coberturas.
- Disminuye la obsolescencia, vencimientos y otros.

Análisis de valor

Existen esfuerzos que permiten reducir el costo o mejorar el desempeño de los artículos, sean comprados o elaborados por la misma empresa. Este proceso no se sostiene sobre los supuestos en la demanda que se planteen en la empresa. La clave está en escuchar la opinión de la clientela para saber de primera mano qué características del artículo que compran son importantes y, respecto a las características que no son relevantes, tener la posibilidad de reducir costos.

Este proceso de mejora puede enfocarse en ciertos procesos internos y obtener grandes beneficios, pero el éxito potencial del mismo reside en la extensión de su aplicación a toda la cadena de suministro, incluyendo a las empresas proveedoras en el diseño de nuevos empaques, que sugerirán cambios y selección de materiales traducidos en el cumplimiento o mejora de las especificaciones técnicas a menor costo.

Este análisis de valor puede responder a mercados de precios cambiantes. En el año 2009, ante la variación del precio del barril de petróleo de 30 a 140 dólares en menos de siete meses, algunas empresas tomaron como una alternativa de mejora este concepto para simplificar los efectos directos y colaterales tanto en el abastecimiento como en la rentabilidad de industrias de diversos sectores, que se prepararon y anticiparon a esa variación de precios.

Frente a este incremento del petróleo, una empresa embotelladora de bebidas gaseosas consultó a sus clientes qué atributo consideraban como el principal de la bebida, a lo que ellos respondieron que el sabor no podía cambiarse. Entre lo menos importante mencionaron la etiqueta, lo cual permitió coordinar con el proveedor la modificación del molde para reducir el tamaño de aquella. Con el tiempo, este análisis de valor ha cobrado la importancia necesaria, y otras empresas han optado por reducir la densidad de los envases y las tapas elaboradas de polietileno o PET, experimentando una segunda etapa del proceso de mejora que ha contribuido, además, a la generación de envases biodegradables.

Herramientas de control de inventario

Códigos de barras

Son instrumentos que están impresos en las etiquetas, envases y cajas de los artículos, y que permiten enlazar la información –previamente registrada en el sistema– de un artículo con el físico. Pese a que el código de barras fue utilizado comercialmente por primera vez en 1974, muchas empresas no conocen sus ventajas y siguen ejecutando procesos más lentos y poco confiables.

Los códigos de uso internacional tienen una estructura simple y de fácil lectura, compuesta por 13 caracteres, de los cuales los tres primeros identifican el código del país donde se elaboró el artículo; los cuatro siguientes pertenecen al código asignado a la empresa, teniendo en cuenta que no existe la posibilidad de que dos o más compañías tengan el mismo código en un mismo país; y los seis últimos se relacionan con la presentación del artículo.

Tomemos como ejemplo una botella con agua mineral de 500 ml, en la que el código de barras que se muestra en la figura 3.15, es asignado a la empresa embotelladora y el 123456 a la presentación del agua mencionada; entonces, si la empresa quisiera comercializar otra presentación (sabor, característica, tamaño o unidad de presentación como *packs*), se le asignará otro código. Pero es importante saber que todas las unidades fabricadas tendrán este código; es decir, un código universal no identifica

Figura 3.15. Código de barras.

información específica de un artículo, como lote o fechas de fabricación y de vencimiento.

De la estructura se desprenden dos características principales que permiten entender la importancia que puede tener este instrumento sobre el control y procesamiento de datos de los inventarios:

- **Universales.** Pueden ser utilizados sin restricciones en cualquier parte del mundo.

- **Únicos e irrepetibles.** A partir de la estructura no es posible que el código asignado a un artículo pueda repetirse. Por coincidencia, dos embotelladoras de una misma gaseosa en el mundo podrían repetir el código de presentación de la bebida y, tal vez, el de empresa. Pero, al ser elaboradas en dos países distintos, los códigos también lo serán.

Normalmente encontramos los códigos de uso universal en artículos de consumo masivo y en supermercados, aunque también pueden hallarse códigos simples de una extensión de caracteres distinta y propios de cada empresa, que sirven para el desarrollo de actividades como el control documentario o la identificación de datos como peso, lote, fecha de fabricación y vencimiento, lo que facilita la trazabilidad del artículo. En ocasiones, los códigos de barras suelen ser usados para identificar materias primas, activos, repuestos y otros artículos de consumo interno. En general, brindan las siguientes ventajas para toda empresa:

- **Tiempo.** Reducen los tiempos de tareas operativas de la empresa, como recepción, *picking*, verificación, control de inventario y atención en punto de venta al estandarizar los criterios de búsqueda.

- **Costo.** Brindan una mayor exactitud en el desarrollo de las actividades, al disminuir las diferencias de inventario.

Radiofrecuencia

Abastecer y garantizar la disponibilidad de miles de artículos en el punto de venta suele ser una tarea difícil. En operaciones con movimiento de grandes volúmenes de mercancía, las probabilidades de pérdidas son bastante altas. En una tienda de conveniencia se presentó la necesidad de abastecer el anaquel con ciertos artículos; sin embargo, para uno de estos tardaron dos días en encontrar la caja en el almacén de la tienda. La mayoría de clientes es fiel a la marca, lo cual significó que el punto de venta perdiera ventas por dos días.

Para una correcta administración, es necesario saber qué hay en el inventario, las cantidades y la ubicación. Sin una información precisa, las empresas podrían cometer errores en la gestión de la reposición, como solicitar cantidades que no concilien con la demanda. Una administración eficiente del inventario debe incluir el uso de tecnología de identificación por radiofrecuencia (RFIF, por *radio frequency identification),* cuyos chips permiten identificar los artículos en las actividades operativas de recep-

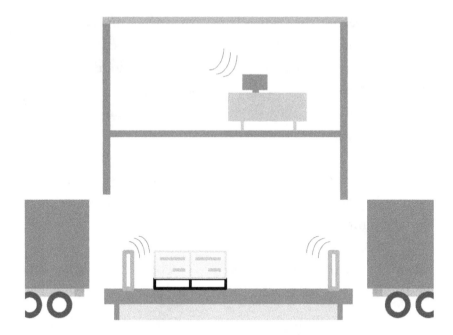

Figura 3.16. Radiofrecuencia.

ción, control de inventarios y despacho de materiales (mediante lectores se transfiere la información al sistema de registro de movimiento de materiales de la empresa); controlar y emitir alertas de las temperaturas para garantizar el buen estado del artículo o, incluso, estimar la hora de llegada al almacén de destino.

Al emplear nubes virtuales de datos, esta información puede transferirse en tiempo real a todos los participantes de la cadena, incrementando las posibilidades de tener visibilidad (figura 3.16). Estos equipos pueden servir también para decidir en qué momento reponer la mercancía en la góndola, determinar si el punto de venta está sobreabastecido, porque el sistema permite supervisar cuánto tiempo pasa un artículo en el almacén, planificar la demanda con mayor exactitud y tomar inventarios con menor incidencia de errores y menor tiempo ya que los lectores requieren una proximidad menor a los códigos de barras, las operaciones se convierten en más ágiles y sencillas.

Indicadores en la gestión de inventarios

Las herramientas de medición nos dan un alcance específico de la coyuntura operativa y de gestión en la cual la empresa se halla inmersa. Permiten establecer estándares que nos sirven para evaluar el desempeño, brindándonos la posibilidad de identificar oportunidades de mejora y de definir objetivos para cada etapa de la cadena.

Todo indicador está conformado por dos variables que, aun cuando son distintas, se relacionan entre sí y deben ser consistentes para obtener un resultado cuantitativo; se debe elaborar una lista de las razones del resultado obtenido que permita comprender qué debemos mejorar o qué recursos destinar para incrementar la eficiencia.

Los indicadores deberían generar un mejor desempeño: si alguien alcanza o excede el nivel acordado, debería recibir –de alguna manera– una compensación, asociando los resultados a sanciones o recompensas. De lo contrario, las partes involucradas van a ignorar lo que el indicador esté mostrando y, entonces, se perderá el sentido del instrumento de mejora, porque siempre les damos prioridad a los aspectos en los que estamos siendo evaluados.

Riesgos al establecer el indicador

- La evaluación a corto plazo podría originar descuidos en la evaluación a largo plazo, lo cual pondría en riesgo la falta de compromiso por parte de las partes involucradas ante la incertidumbre de mantener una relación a futuro.

- Concebir esta herramienta como un método de evaluación de resultados, y no como un instrumento de monitoreo que permite anticiparse para encontrar los puntos de mejora.

- Los indicadores podrían no reflejar exactamente el que sería un comportamiento esperado.

- Los indicadores no deben ser interpretados como herramientas de evaluación de cada área, sino que deben medir la relación e impacto sobre los objetivos comunes de la operación.

- Si hubiera más de un indicador, podrían presentarse contradicciones entre ellos en la interpretación de resultados. Es muy importante atribuirle un peso ponderado a cada uno para evitar la subjetividad.

Los indicadores deben reflejar la voz del cliente final: si se ha logrado que la cadena entregue mejor los pedidos, han sido buenos los indicadores que se establecieron en su momento. Pero si estos han mostrado un buen resultado, pero la clientela no se siente del todo satisfecha, ha faltado incorporar algunos indicadores. Además, el medio y largo plazo deben ser analizados siempre. Puede haberse presentado un problema, aunque quizá se trate de algo esporádico.

Días de inventario (DI)

La cobertura de inventario nos brinda la posibilidad de anticipar las roturas de *stock* y los excedentes por cada artículo, sirviendo de complemento de los niveles de inventario. Tomemos como punto de evaluación la siguiente fórmula:

$$DI = \frac{\text{Inventario a la fecha}}{\text{Demanda promedio}} \qquad (3.9)$$

El resultado se interpreta como el tiempo para el cual el inventario permitirá atender la demanda. El período de la demanda promedio dependerá del análisis, que podría ser diario, semanal, quincenal o mensual. Se establecerán tres parámetros para facilitar la interpretación de los resultados (tabla 3.14), cuyos límites superiores e inferiores para cada uno de ellos dependerán de dos factores:

- **Tiempo de reposición.** Si la cobertura del inventario es menor al tiempo de atención de la empresa proveedora, el artículo estará expuesto a rotura de *stock* y al desencadenamiento de los problemas que esta genera.

- **Inventario máximo.** Determina el límite superior del nivel ideal de inventario. Toda cantidad que sobrepase este límite será considerada como excedente, y deberá tomarse una decisión que disminuya las consecuencias por niveles no necesarios para la operación.

Para los parámetros establecidos, la empresa proveedora tiene un tiempo de reposición de cinco días desde la emisión de la orden de compra. Si el inventario cae por debajo de esta cobertura, nos expondríamos a la rotura de *stock*. Mientras tanto, el inventario ideal se halla a razón del nivel máximo, que equivale a 30 días. Por último, si el inventario sobrepasa este parámetro, será considerado como excedente; es decir, si el resultado de la cobertura fuera de 40 días, tan solo 10 deberán considerarse como excedente.

Del artículo 0003 se tiene en inventario a la fecha de 350 unidades, y la demanda promedio diaria es de 35 unidades. Reemplazando los datos

Rotura de *stock*	$0 \leq x \leq 5$
Ideal	$5 < x \leq 30$
Excedente	$30 < x$

Tabla 3.14. Parámetros de cobertura.

en la fórmula 3.9, tenemos que el inventario a la fecha puede responder a la demanda durante los próximos 10 días.

Capacidad de almacenamiento

Llevar un registro de los espacios disponibles permite coordinar con el área de compras el momento, frecuencia y cantidad de abastecimiento. También se podrían identificar patrones de comportamiento por períodos, reconocer las fechas de mayor y menor carga operativa, lo que ayudará a no congestionar las operaciones del almacén. Entonces, es indispensable establecer parámetros de alerta, manteniendo una holgura de 10 a 15 % para evitar la sobreutilización de los recursos y el hacinamiento de los materiales. Una capacidad de almacenamiento (CA) instalada cercana o que sobrepase este margen podría esconder una interpretación y empleo de métodos inequívocos en la administración de inventarios.

$$CA = \frac{\text{Espacios utilizados}}{\text{Capacidad}}$$

Alcance del pronóstico

Monitorear el avance de la demanda (AD) dentro de un período permite tomar acciones preventivas que corrijan las cantidades proyectadas por consecuencia de un crecimiento o recogimiento inesperado de la demanda; también, por hechos eventuales en la disponibilidad del material en el mercado ofertante. Sin embargo, en algunas oportunidades, estas decisiones involucran cambios abruptos en la operación. La interpretación dependerá del momento y el alcance porcentual del resultado.

$$AD = \frac{\text{Demanda de la fecha}}{\text{Pronóstico}}$$

Exactitud de registro de inventario

Por lo general se aceptan como algo natural los procesos establecidos y, más aún, se tiende a dar por válido a aquel conjunto de actividades que han formado parte de la empresa desde siempre. ¿Quién lo definió? ¿Cuál es el beneficio? No lo podemos determinar, pero se usa y difícilmente se cuestiona.

La exactitud de registro de inventarios (ERI) como objetivo deviene de modelos desgastados que subordinaban en jerarquía al almacén frente al área contable y que maximizaban la necesidad por desarrollar inventarios generales que permitieran contar con información más exacta –la cual afecta al resultado anual de declaración de impuestos–, heredándose así premisas sobre gestión efectiva para incrementar la exactitud de inventario. Pero, ¿cuán necesario es un inventario general al cierre de año?, ¿existe algún trabajo que lo sustituya?

Los cálculos cíclicos, rotativos o generales identifican las diferencias, pero no las eliminan. Nadie garantiza que, en la próxima ocasión en que se vuelva a contar el artículo, este no tendrá diferencias, pero deben gestionarse llevando un registro mediante el siguiente indicador y teniendo como premisa que ningún almacén obtendrá el 100 % de exactitud.

$$ERI = \frac{\text{Ítems sin diferencia}}{\text{Total de ítems inventariados}}$$

Un inventario de rastreo es aquel que se realiza al finalizar la operación a todo artículo que tuvo movimiento en el día. Esta metodología es recomendable para almacenes con baja carga operativa. En cambio, el inventario cíclico debe efectuarse en períodos cortos –ya sea diaria o semanalmente– a una muestra de artículos.

Para determinar la cantidad no existe un método que considere tiempos, personal disponible para la ejecución del trabajo y volumen de los artículos, lo que lleva a identificar la cantidad más apropiada que no interrumpa la operación, distribuyéndose según el grado de importancia que aquellos puedan tener y tomando como referencia la clasificación ABC o la rotación. La distribución expresada en la tabla 3.15 nos puede servir como valores iniciales para distribuir la cantidad elegida.

Para programar la toma de inventario cíclica de una empresa distribuidora de electrodomésticos, se recurrió al análisis de la rotación de sus 1.000 artículos, de los cuales 300 eran de alta, 500 de media y 200 de baja y nula rotación.

Considerando la carga operativa, los recursos y el volumen de los materiales, se determinó inventariar diariamente 50 códigos, de los cuales 35 serían de alta, 10 de media y 5 de baja rotación, según los porcentajes que se muestran en la tabla 3.15. A partir de esta distribución nos tomaría 8,6 días inventariar todos los de alta rotación, y al décimo día se volvería a tomar inventario a esos 35 ítems. De presentarse diferencias, el análisis se concentraría en la documentación y operación de tan solo nueve días transcurridos, favoreciendo también el control al inventariarse 26 veces en el año los ítems de mayor importancia.

Este trabajo no es a corto plazo; la exactitud se va incrementando conforme se van desarrollando los inventarios. Sin ser conformista, podría afirmar que toda operación está enfrascada en el error humano involuntario como consecuencia de errores en la digitación de códigos, múltiplos, lotes, rotulación, entre otros, donde los resultados pueden interpretarse mejor de acuerdo con los parámetros de la tabla 3.16.

Contar con una exactitud de inventario del 85 % indica que el valor de la diferencia podría ser bastante significativo y que causaría problemas no

A	70 %	Alta
B	20 %	Media
C	10 %	Baja y nula

Tabla 3.15. Programación de inventarios cíclicos.

Deficiente	0-85 %
Regular	86-94 %
Eficiente	95-100 %

Tabla 3.16. Rangos de interpretación de ERI.

solo en la preparación de pedidos. Este problema trasciende en la planificación de las reposiciones y en las ventas al no coincidir la información entre el físico y lo que indica el sistema.

El parámetro regular busca darnos un punto que se podría tomar como una oportunidad de mejora para revisar los procesos y el grado de conocimiento y compromiso de la plantilla trabajadora sobre estos. Mientras que el tercero representa el objetivo ideal de exactitud a alcanzar considerando dentro del parámetro que podría haber almacenes exactos al 100 %. Ello podría ser posible siempre que se cumpla de manera inversa la regla empírica que se mencionó anteriormente: todo artículo de alta rotación está expuesto al error operativo y, por lo tanto, la exactitud se presentará en almacenes atípicos cuya operación sea baja o nula, donde el margen de error no presente mayor riesgo.

Un inventario general debe estar diseñado para evitar errores de conteo, y este resultado se logra siguiendo diez consideraciones básicas –ligadas al concepto de planificación– que contribuyen a lograr un eficaz proceso de mejora continua:

1. **Establecer el proceso.** Es recomendable considerar tres tipos de conteos dentro del proceso: empezar siempre con un barrido al 100 % y tomando como punto de referencia la información de nuestros registros. Luego, los esfuerzos se deben focalizar en el segundo conteo, para corregir o validar las diferencias que se mostraron en el primero, y realizarse, finalmente, un tercer conteo a cargo de la persona responsable del almacén y la del inventario.

2. **Preinventario.** Toda actividad debe contar con un trabajo previo que garantice el orden y cumplimiento de los objetivos. Una toma de inventario requiere facilitarle al personal la ubicación e información de los artículos, descartándose iniciar el proceso si existiera duplicidad de ubicaciones en el almacén, información distinta o inexistente de los artículos y ubicaciones tanto en físico como en los registros. De lo contrario, el segundo conteo se dilatará debido, precisamente, a los errores de conteo.

3. **Corte documentario.** En algún momento habrás escuchado que «mientras se realice el conteo proseguirán las operaciones tanto en la recepción como en el despacho de mercancías, y se llevará un control paralelo». Lo más apropiado será evitar el error que podría presentarse al detener parcialmente la operación del almacén. Los intereses comerciales podrían condicionar la decisión como consecuencia de no tener un plan de abastecimiento y de ventas que permita prever el cierre total de las operaciones del almacén. Una buena práctica es coordinar con las empresas proveedoras las entregas y con la clientela la anticipación de sus pedidos fuera de las fechas en las que se realice el inventario.

4. **Tercer conteo para validar las diferencias con el almacén.** Es necesario que el último conteo sirva para asegurar la diferencia encontrada y que sea aceptada por la persona responsable de almacén, tras haberse agotado toda probabilidad de sustento de las diferencias, para evitar las suspicacias en los sustentos posteriores.

5. **Sustentar las diferencias observando posibles cruces.** ¿Por dónde comenzar? Los errores operativos son más frecuentes y de mayor acceso de información en artículos con características similares, en los cuales se deberá identificar si entre ellos se justifica la diferencia.

6. **Una tercera persona deberá realizar los ajustes de diferencias.** Para mantener la transparencia en el proceso, una persona externa al almacén deberá actualizar en el kárdex las cantidades reales y halladas respecto a lo que indica el sistema.

7. **Llevar un listado de incidencias.** Al listar los motivos sobre las diferencias, daremos un paso adelante en procesos de mejora continua, propiciando la corrección de las causas de las diferencias en el inventario.

8. **No reiniciar las operaciones si no se han realizado los ajustes.** Es incorrecto asumir la toma de inventario en dos o más etapas pensando en una primera conformada por los conteos y en una segunda como el período de sustentación de las diferencias. Estas actividades deben desarrollarse sin reiniciar las labores del almacén. Es como una bola de nieve donde las diferencias pueden incrementarse durante este plazo a través de los mismos o nuevos errores, intencionales o propios de la operación. Un inventario no termina en el tercer conteo, sino cuando se haya hecho el último ajuste.

9. **Inventario realizado por personal de la empresa.** Tercerizar el trabajo con una empresa que brinda este servicio podría causarnos algunos inconvenientes. Cuando los artículos cuentan con un alto grado de complejidad para el reconocimiento, es preferible efectuar la tarea con personal interno de la compañía. ¿Pero qué ocurre si no contamos con personal disponible? No nos compliquemos y contratemos personal eventual para alternarlo y formar equipos con nuestro personal. Porque lo más probable es que las empresas de tercerización también hayan considerado subcontratar personal sin la experiencia requerida, lo cual nos demandaría un mayor costo por los errores de conteo que podrían darse.

10. **Inventarios cíclicos.** La clave no es esperar al cierre del año para llevar un control. Una política de monitoreo continua –mediante inventarios cíclicos– favorecerá la reducción de los márgenes de error, los procesos operativos y la exactitud de la información.

La asociación de estas diez consideraciones es el argumento más sólido para desbaratar esas premisas que establecen la toma de inventario general como la única metodología aceptada al cierre de año. Esta planificación contribuye a los planes de mejora continua trabajando sobre las causas de proceso y de operación que afectan a la exactitud del inventario. Así se podría determinar qué se debe implementar o mejorar respecto a herramientas de ayuda visual, estandarizar procesos o revisar la información del catálogo de materiales.

Al llevar un registro de cada inventario cíclico, y al mostrar los avances en la exactitud, se podría evitar la tediosa toma del inventario general al cierre de año como resultado de haber mejorado la confianza en el desarrollo de las actividades que afectan directamente al saldo del inventario.

Nivel de servicio (NS) y puntualidad total (OTIF)

Este indicador sirve como referencia para evaluar la capacidad de atención respecto a las cantidades que las empresas proveedoras pueden prestarnos y la que ofrecemos a nuestra clientela sin incurrir en sobrecostos. Si una empresa nos solicita diez unidades, lo ideal sería atender el 100 % del pedido, pero este dependerá de factores como la preparación de pedidos y la verificación y exactitud del inventario, a los cuales no se les presta mayor atención y, en ocasiones, se ignoran sus consecuencias.

$$NS = \frac{\text{Pedidos atendidos}}{\text{Pedidos solicitados}}$$

A pesar de que la eficiencia en el cumplimiento de las atenciones pueda implicar a otras variables de análisis, como el tiempo y la calidad, estas pasan a un segundo plano sin dejar de ser importantes, pero siempre agregadas a las cantidades, las cuales terminan siendo la medida de referencia inmediata para evaluar el nivel de cumplimiento. Con esto no debe caer en la interpretación incorrecta de pensar que se deben cumplir al 100 % los pedidos sin importar el tiempo y la calidad.

Toda empresa proveedora de supermercado, por ejemplo, tiene claro que debe cumplir con la hora pactada para la entrega de mercancía en el centro de distribución; este es quizás el primer punto a cumplir. La calidad se convierte en una variable tácita y entendida como parte de toda operación para que esta pueda ser continuada. El último filtro será el que nos permita llevar un registro del nivel de servicio: si el pedido está incompleto, todo esfuerzo podría entenderse como un sobrecosto de falso flete, y lo más probable es que el cliente solicite una reprogramación de la cita, debiéndose corregir las causas que generaron esta atención incompleta.

Lo ideal es disponer del inventario suficiente para atender el 100 % de los pedidos, pero este nivel debe estar segmentado según la importancia de los artículos con objetivos claros y medibles. Tiempo atrás, la gerencia general de una empresa que comercializa repuestos de equipos de refrigeración consideraba que el almacén estaba quedando pequeño y que necesitaban ampliarlo. Siempre he pensado que decisiones de gran envergadura –como invertir en infraestructura– requieren un análisis previo del comportamiento y coberturas de los artículos. Al mostrarle que el 92 % de la mercancía estaba inmovilizada por tres años, solo atinó a indicar que parte del objetivo de la compañía se alcanzaba con ese inventario: «Buscamos atender todos los pedidos de nuestros clientes; en muchas ocasiones, ellos encuentran en nuestra empresa lo que tanto han estado buscando en el mercado».

Para trasladar este objetivo a la práctica, debe existir un equilibrio entre la oferta y lo que el cliente requiere, evitando el facilismo de aumentar los niveles de inventario para cubrir la demanda del mercado potencial.

Una de las paradojas de la logística indica que entre los objetivos en la administración de inventarios no se debería perseguir un nivel de servicio al 100 %. Esta capacidad al máximo representa que podemos atender todo lo que nos pida el cliente, lo cual es oportuno siempre que el artículo sea significativo en la operación. En caso contrario, podría enfrentarnos a posibles inmovilizaciones de capital, acrecentándose las incidencias por obsolescencias, vencimientos y deterioros.

Es por ello, también, que muchas empresas tienen inconvenientes en las fechas de pago de impuestos y beneficios sociales, como las gratificaciones. En la figura 3.17 se muestra que la capacidad de respuesta debe estar distribuida por clústeres, donde en el más importante se debe garantizar la disponibilidad al 100 %, mientras que en los de menor importancia se debería perseguir un objetivo más conservador.

Una cadena de ópticas tenía problemas de despacho hacia sus puntos de venta del interior del país. Cada administrador de tienda informaba constantemente que los despachos no coincidían con la guía de remisión, perdiéndose ventas, inmovilizándose artículos de baja rotación en las tiendas y perdiendo margen por sobrecostos en las devoluciones. Esta cadena de errores afectaba al clima laboral y a la imagen del personal del

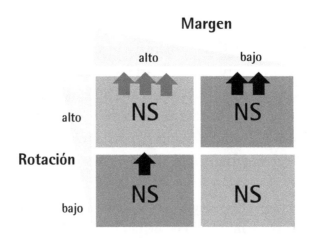

Figura 3.17. Nivel de servicio (NS) por clústeres.

almacén. La gerencia pensó primero en capacitar al personal y, si esto no se reflejaba en una mejora considerable, tomaría otras medidas, como el despido.

Al revisar el flujo de recepción y el despacho del personal de almacén, se pudo entender que la operación propiciaba la posibilidad de error al tener personal multifuncional cumpliendo, en cualquier momento del día, la actividad de mayor urgencia. También se encontró anaqueles sobrecargados de cajas –muchas de ellas vacías, otras con rótulos poco legibles– y mercancía que no correspondía a la descripción de la caja, por lo que se debería diseñar un proceso acorde con la operación.

En primer lugar, se optó por realizar un balance de actividades distribuyendo al personal en las tareas de recepción, almacenamiento, preparación de pedidos, verificación y despacho. Un proceso de mejora obliga a escuchar la opinión de cada persona que tiene a su cargo la ejecución de estas actividades. Un gran error que se puede cometer es suponer lo que la persona debe realizar. Por lo tanto, es importante efectuar cada actividad para, de esa manera, entender las necesidades de cada etapa del proceso.

Tras realizar el balance de actividades y establecer indicadores de mejora, se mostró a la gerencia que el personal no solo requiere formación técnica correctiva, sino contar con instrumentos prácticos que le permitan participar y contribuir en las mejoras. Al cuantificar la mejora, se pudo identificar que la problemática principal que habían detectado no era la pérdida de margen por la caída en las ventas, sino que esta se debía al costo de falso flete que habían dejado de lado midiendo lo que, a simple vista, parecía correcto.

Poco tiempo después de aquel proyecto, el personal del almacén siente que su trabajo está siendo reconocido y que cuenta con herramientas para mostrar cómo evoluciona la eficiencia de su ocupación. Además de crearse un ambiente grato, el nivel de servicio mejoró a consecuencia de haber mejorado las actividades que garantizan la adecuada preparación y despacho de los pedidos.

Atender el 100 % de los pedidos no necesariamente refleja una eficiencia. La empresa proveedora de última milla de una empresa de calzados presentó los resultados de su gestión en la entrega de los pedidos a los clientes finales, indicando que habían logrado realizar el 100 % de las entregas; la otra parte, la de operaciones, teniendo conocimiento de las ineficiencias presentadas por la proveedora, pidió revisar el cumplimiento, pero considerando el tiempo de entrega ofrecido. Al mostrar los resultados, los niveles de cumplimiento eran lejanos al porcentaje inicial, y esto como consecuencia de que, si bien se atendían todos los pedidos, estos eran entregados fuera de fecha.

Para el cumplimiento de los pedidos respecto al tiempo se trabaja con el indicador OTIF *(on time in full),* que como mencionan algunos expertos, este indicador nos brinda una información más acertada.

$$OTIF = \frac{\text{Pedidos atendidos a tiempo}}{\text{Pedidos solicitados}}$$

Un cuadro de mando integral reúne los indicadores que permitirán dimensionar una secuencia de resultados manteniendo una relación de causa-efecto que posibilite, al mismo tiempo, gestionar e interpretar el impacto de cada resultado. Podrían considerarse, entonces, aquellos indicadores de operación que repercuten de manera directa en el flujo económico, construyendo, a partir de estos, reglas empíricas que dinamicen la toma de decisiones.

Cuando se incrementa la rotación de un artículo, se puede asumir que la exactitud del inventario podría decaer a consecuencia de los errores operativos que se presentan, con mayor incidencia, en artículos con dicha rotación. Junto con la probabilidad de rotura de *stock* se verá afectado el nivel de servicio, lo que podría desencadenar problemas de costos ocultos por falso flete. Esta concatenación de resultados y actividades permite prestarles más atención a las etapas del proceso que no se están alineando con los objetivos esperados.

La complejidad en el manejo del inventario desprende acciones preventivas que dejaron de ser genéricas para especializarse según la importancia que este tiene para la empresa. En los artículos más significativos es necesario establecer niveles de seguridad para despreocuparnos por la posibilidad de quedarnos desabastecidos, gestionar el abastecimiento a través de reposiciones no programadas y minimizar el error de pronóstico para favorecer la continuidad del ciclo operativo de la compañía.

Se pueden entender como poco relevantes los artículos cuyo margen no es tan significativo o con baja rotación. Por estos se deben tomar medidas preventivas, identificando si son o no clave para mantenerlos almacenados; o, en todo caso, se debe optar por métodos de manejo de inventarios por parte de la empresa proveedora. Para el abastecimiento, hay que tener en cuenta que este debe ser en períodos fijos, a fin de no malgastar recursos, y enfocarnos en los más importantes, monitoreando los niveles de cobertura para evitar los excedentes y mantener un flujo de caja constante (figura 3.18).

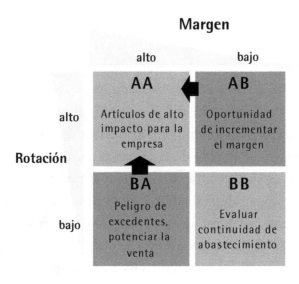

Figura 3.18. Decisiones de inventarios.

Informe de control de inventarios

Mediante este informe se muestra cómo las herramientas, los indicadores y las consideraciones vistos en la planificación de los materiales se refuerzan en el entendimiento agrupado y en la puesta en práctica para, de aquella manera, agilizar las reposiciones y la toma de decisiones que atañe a los inventarios, sin importar la rotación que estos tengan (véase la tabla 3.17).

A partir del nivel de inventario y la demanda promedio se puede clasificar los artículos según el análisis ABC, establecer la cobertura en días e identificar en qué condición se hallan. Sobre esto ya se puede tomar la primera acción filtrando todos aquellos que se encuentren expuestos a roturas de *stock,* los cuales deberían coincidir estrechamente con el punto de pedido y, de ser necesario, servir para programar el abastecimiento. Pero mucho dependerá de la rotación, del ciclo de vida, del tiempo que lleva en la empresa, de la última venta y de la ubicación en el cuadrante de segmentación.

También se podría filtrar los artículos que están expuestos al excedente. Pero, antes de tomar una decisión con las áreas operativas, es necesario determinar si aquellos son indispensables para mantenerlos almacenados, ya que podrían ser artículos clave o estar sometidos tanto a condiciones comerciales como de abastecimiento. De lo contrario, se podrían tomar medidas correctivas previa valorización de la cantidad que excede al inventario máximo.

El alcance de la demanda como indicador pone en alerta si el pronóstico está respondiendo de acuerdo con lo esperado frente al comportamiento del mercado, sirviéndonos como una medida de corrección ante el recogimiento o aumento inesperado de la demanda según la fecha en la cual nos encontremos: si el alcance al sexto día del mes está al 70 %, alertaría que hemos dejado escapar alguna variable en el pronóstico y que este podría terminar por debajo al cierre del período. Distinta sería la interpretación si el análisis se realizara el vigesimonoveno día del mes, siendo probable que se deba tomar acciones correctivas para el abastecimiento del próximo período, ya que las probabilidades de excedentes son bastante altas.

Descripción	Tr	Disponible	ABC	Rotación	Dpd	Cobertura	Condición	Último ingreso	Mín.	INV SEG	PP	Máx.	Días	Pronóstico	Alcance
Aro de goma 170x6 mm ventilador	4	200	A	Media	4	56	Excedente	30	14	8	22	92	26	84	12 %
Varilla medidora de aceite	5	25	A	Baja	1	30	Excedente	60	4	3	7	22	27	19	46 %
Tubo portavarilla aceite	5	40	A	Alta	13	3	Rotura de *stock*	20	65	26	91	335	26	309	18 %
Tubo aceite flauta	5	20	C	Baja	3	8	Ideal	15	13	6	19	69	28	63	19 %
Válvula sobrepresión 1.3–1.8	3	4	A	Nula	0	0	Rotura de *stock*	30	0	0	0	0	7	0	0 %
Bomba de alimentación	3	280	A	Alta	16	17	Ideal	5	48	26	74	409	26	383	76 %

Tabla 3.17. Ejemplo de informe de control de inventario.

Análisis de casos del capítulo 3

Caso 3.1   Sector de la alimentación

Constantemente, las empresas de consumo masivo suelen sufrir mermas y padecer los efectos que acarrean los excedentes de alimentos perecederos. Algunas empresas buscan la venta rápida recurriendo a incentivos comerciales, como los descuentos y las promociones, que podrían ser una alternativa para reducir el impacto financiero. Pero, para tomar las acciones adecuadas, las compañías deben revisar el método de planificación de demanda y los niveles de inventario.

Difícilmente la demanda de los alimentos se torna predecible. Esta coexiste en una variación constante con períodos tan distintos que afectan a los márgenes de exactitud de pronóstico, lo que hace necesario tomar acciones que permitan establecer la cantidad y el momento adecuados para el manejo del inventario. No tener en cuenta la vida útil del artículo pone en riesgo la operación y la rentabilidad de la empresa.

Una empresa del sector alimentario comercializa un total de 18 marcas, de las cuales cinco son propias, y abastece a seis centros de distribución ubicados en provincias. El área comercial no proyecta la demanda, labor que debe realizar cada mes el equipo de abastecimiento y presentar sus resultados en las reuniones de planificación mensual a la gerencia de negocios y de ventas.

La dirección general de la compañía le ha pedido a la persona responsable del equipo que trabajen dos tipos de indicadores: monitoreo y evaluación de resultados, que permitan enfriar la relación con finanzas.

Actualmente, la gerencia de esta área indica que la recuperación del dinero es lenta y genera excedentes. El valor del inventario asciende a 1,12 millones de dólares, mientras que las ventas mensuales son de 0,37 millones. Si se tuviera la información correcta y oportuna, se podría negociar con los proveedores respecto a este capital inmovilizado.

Por su parte, desde la gerencia comercial de la empresa, se afirma que el equipo de ventas no llega a la cuota de ventas debido a las constantes roturas de inventario, por lo cual se han visto obligados a desarrollar un informe en el sistema que identifique los pedidos que no han podido ser procesados.

1. **¿Qué consideraciones tendrías en el pronóstico y en los niveles de inventario de cada centro de distribución?**

   ➡ Para proyectar la demanda y establecer los niveles de inventario, es necesario tener en cuenta que existen criterios como la capacidad de almacenamiento, la rotación, la demanda, el tiempo de reposición y la importancia de cada artículo, que condicionan las cantidades y la frecuencia de reposición.

2. **¿Qué sobrecostos reduciría la empresa a partir de tu propuesta?**

   ➡ Al abastecer los centros de distribución a partir de las características de los artículos, así como los que están asociados a la operación, se puede reducir las probabilidades de roturas y excedentes que impactan sobre el costo de almacenamiento y de manera indirecta sobre el falso flete.

3. **¿Qué indicadores establecerías como herramientas de monitoreo y evaluación de resultados?**

   ➡ Para monitorear el abastecimiento de los centros de distribución se deben considerar indicadores como rotación, cobertura, tiempo de permanencia y ocupabilidad. Respecto a los resultados, el retorno de la inversión así como los márgenes resultan factores clave para determinar la eficiencia de la operación.

Caso 3.2   Sector de la automoción

Una empresa especializada en la venta de llantas para autos ha mostrado problemas para cubrir la demanda del 60 % de sus modelos pese a los constantes esfuerzos por trabajar con indicadores y herramientas de gestión de inventarios.

Al analizar la información se obtiene la rotación mensual de diez tipos de llantas, información que se detalla en la siguiente tabla:

Artículo	Rotación	Clasificación
165 70 13	30	Alta
165 70 14	34	Alta
175 70 13	15	Media
185 55 16	20	Media
185 70 13	10	Baja
195 65 14	16	Media
195 65 15	22	Media
195 70 14	15	Media
205 55 16	30	Alta
205 60 15	24	Alta

1. **Establece los parámetros y determina la clasificación de cada artículo.**

➜ Para determinar los parámetros de la clasificación, primero hallaremos el promedio de los datos, cuyo resultado es de 22. Este valor lo consideraremos como límite superior de media rotación, luego dividiremos el resultado entre 2 y finalmente completaremos los demás rangos de la tabla.

Con los parámetros definidos podremos identificar la clasificación que tiene cada uno de los artículos identificados en el enunciado del ejercicio. Para el primer código, la rotación será 30, lo cual se considera como alta al ser mayor al límite inferior de esta categoría.

Clasificación	Límite inferior	Límite superior
Alta	23	
Media	12	22
Baja	1	11
Nula	0	0

Una vez identificada la rotación de los artículos, se realizó un análisis de la demanda histórica para poder establecer los niveles de inventario, con esta información se obtuvo que la demanda promedio diaria de llantas en la empresa de llantas es de 160 unidades, el pronóstico para el mes es de 4.800 y el tiempo de reposición de la empresa proveedora es de tres días una vez recibida la orden de compra. Para mejorar los niveles de servicio, la compañía requiere implementar los niveles de inventario tomando en consideración que las últimas atenciones de la empresa proveedora han sido de 2, 6, 1 y 5 días.

2. **Define los niveles de inventario a partir de la información proporcionada.**

➡ **Inv. Mín** = Tr x Dpd
   Inv. Mín = 3 x 160
   Inv. Mín = 480 und
   Inv. Seguridad = $Z\sigma$

El inventario de seguridad se obtendrá de las últimas atenciones históricas de la proveedora, datos que servirán de base para calcular la desviación cuadrática, estándar y el factor de variabilidad *(Z)*.

Tr	$(\overline{X})$	$(Xi - \overline{X})$	$(Xi - \overline{X})^2$	*Zi*
2	3,5	−1,5	2,25	−0,63
6	3,5	2,5	6,25	1,05
1	3,5	−2,5	6,25	−1,05
5	3,5	1,5	2,25	**0,63**
		0	17	0

Para definir la desviación estándar se tomará la desviación cuadrática (17) y se reemplazará en la fórmula de la desviación, teniendo en cuenta que nos brindan una muestra de datos (últimas atenciones históricas). Por lo tanto, la desviación estándar será igual a 2,38 días.

$$\sigma = \sqrt{\frac{\Sigma(\overline{X} - X)^2}{n - 1}}$$

El valor Z elegido (1,05) es el que corresponde a la peor atención de la empresa proveedora (6 días). Con el valor elegido se procede a calcular el inventario de seguridad (2,5) se obtiene de multiplicar

1,05 y 2,38. Para que este sea expresado en unidades, deberá multiplicarse por la demanda promedio diaria (160), obteniéndose así un inventario de seguridad de 400 unidades.

PP = Inv. Min + Inv. Seguridad
PP = 480 + 400
PP = 840 unidades

Este inventario de seguridad nos muestra que estamos cubriendo atrasos por parte de la empresa proveedora, lo que nos involucra en un mayor almacenamiento de materiales para minimizar las probabilidades de roturas. Finalmente, el inventario máximo se obtendrá de sumar el pronóstico de la demanda (4.800) y el inventario de seguridad (400), 5.200 unidades para el período, es decir, no debería almacenarse una cantidad superior a esta.

Con un inventario a la fecha de 3.840 unidades y un inventario máximo de 5.200, se necesita definir la cobertura y los parámetros para solicitar o no una reposición.

Para establecer la cobertura se deberá dividir el *stock* entre la demanda promedio, es decir, 3.840/160. Esto nos indica que se tiene *stock* para 24 días.

Siendo 3 el tiempo de reposición, se pueden establecer los siguientes parámetros: 0 – 3: rotura, 4 – 33: ideal y de 34 a más: excedente. Al tener como resultado 24 días, se puede definir como una cobertura ideal.

El equipo de ventas argumenta que estas podrían ser mayores si se garantizara la disponibilidad de inventario.

3. Con los siguientes datos, evalúa los argumentos de esta área identificando el nivel de servicio de los últimos seis meses:

Mes	Demanda	Atenciones
Julio	4.550	4.500
Agosto	4.560	4.560
Septiembre	4.830	4.800
Octubre	4.200	4.200
Noviembre	4.400	4.400
Diciembre	4.605	4.600

➡ Para determinar el nivel de servicio se debe dividir las atenciones entre la demanda, es decir, para el mes de julio sería 4.500/4550 = 98,9 %, agosto 100 %, septiembre 99 %, octubre 100 %, noviembre 100 % y diciembre 99,9 %. Estos resultados demuestran que los pedidos han sido atendidos y que no se presentan bajos niveles de servicio.

La empresa mantiene almacenadas 20 llantas de baja rotación con un costo unitario de 240 dólares. Están inmovilizadas hace 60 días, y la gerencia del área logística necesita determinar el costo de almacenamiento unitario de aquellas teniendo en cuenta que el inventario ocupa dos espacios en los *racks*. Con esta información se necesita apoyar en los siguientes puntos:

Stock: 20 unidades.
Tiempo de permanencia: 180 unidades.
Espacio: 2.
Costo unitario: 240 $.

Al reemplazar estos valores en la fórmula se obtiene:

Ca = (e)(Cu)(Tp/Pev)
Ca = (2)(240)(60/360)
Ca = **80 $**

Caso 3.3   Sector de la agroalimentación

Para gestionar las reposiciones se requiere estandarizar el uso de herramientas de categorización que permita afinar criterios y, sobre todo, tomar una mejor decisión. Para la administración de inventarios de una empresa de agroalimentación, existen herramientas que permiten asegurar la disponibilidad del inventario sin caer en el facilismo de tener altas coberturas. En el siguiente cuadro se muestran seis artículos perecederos con sus respectivos indicadores de existencias, así como de categorización ABC correspondiente al margen de beneficio:

Artículo	*Stock*	ABC	Rotación	Cobertura	*Tiempo de entrega*	Vencimiento
1	300	A	Alta	3 días	10 días	120 días
2	20	A	Media	15 días	5 días	180 días
3	100	C	Baja	5 días	2 días	150 días
4	60	A	Alta	45 días	5 días	180 días
5	120	C	Nula	15 días	2 días	60 días
6	200	C	Nula	90 días	3 días	45 días

1. **Para determinar la importancia de los artículos se debe considerar:**

   a) Rotación.

   b) ABC.

   c) Cobertura.

   d) Ninguna de las anteriores.

   e) Todas las alternativas.

2. **Identifica el orden con el que elegirías los indicadores para interpretar los resultados:**

   a) Rotación.

   b) ABC.

   c) Cobertura.

   d) Tiempo de entrega.

   e) Vencimiento.

3. **En el caso del primer artículo, estamos expuestos a:**

   a) Rotura de *stock*.

   b) Excedente.

   c) *Stock* ideal.

4. **El sexto artículo representa la posibilidad de:**

   a) Rotura de *stock*.

   b) Excedente.

   c) Vencimiento.

5. **¿Cuáles consideras que son los artículos de mayor importancia?**

   a) 1 y 4.

   b) 2 y 5.

   c) 5 y 6.

Véanse las respuestas en la página 231.

Cuestionario de autoevaluación

1. La rotación depende del tipo de artículos y actividad de la empresa Todas las empresas tienen ítems estacionales.

   a) Verdadero.
   b) Falso.

2. ¿Qué variables considera el inventario mínimo?

   a) Tiempo de reposición y *stock* máximo.
   b) Tiempo de reposición y demanda promedio.
   c) Demanda promedio y variaciones en la demanda.

3. ¿Cuál es la diferencia entre las metodologías de reposición?

   a) Frecuencia e importancia de los artículos.
   b) Rotación y niveles de compra.
   c) Nivel de inversión y frecuencia de compra.

4. ¿Cuándo el punto de pedido es igual al mínimo?

   a) Cuando la demanda es mayor al *stock*.
   b) Cuando el artículo no tiene inventario de seguridad.
   c) Cuando el artículo tiene alta rotación.

5. ¿Qué beneficios se obtienen al conocer la rotación de los artículos?

   a) Podemos comprar en el momento correcto.
   b) Podemos optimizar el almacenamiento de los artículos.
   c) Ambas alternativas son correctas.

6. El administrador de una cadena de librerías comunicó a la gerencia comercial que en los artículos con reposición programada emite requerimientos cada dos semanas con cantidades fijas de 50 unidades, lo que está generando un excedente de inventario. ¿Qué consideras que anda mal en la reposición?

   a) El tiempo de reposición.
   b) Las cantidades exceden la demanda.
   c) Los artículos deben trabajarse con reposición no programada.

7. ¿Es correcto almacenar ítems de baja rotación? ¿Por qué?

   a) Si, porque pueden tener demanda dependiente.
   b) No, porque generan siempre excedente.
   c) Si, porque pueden ser artículos clave.
   d) a y c son correctas.

8. ¿Cómo influye el período de tránsito en las decisiones de inventario?

   a) En la centralización del almacenamiento de los artículos.
   b) Asignación de inventario mínimo.
   c) Reducir la cobertura.

9. Un ítem de alta rotación está expuesto al excedente.

   a) Verdadero.
   b) Falso.

10. ¿Qué características debe tener un artículo clave?

   a) Baja rotación, complejidad en el abastecimiento y alto costo.
   b) Baja rotación, complejidad en el abastecimiento e impacto en la continuidad de la operación.
   c) Ninguna de las alternativas es correcta.

11. Una empresa de consumo masivo necesita mandar a imprimir 15 etiquetas. La empresa proveedora acepta la propuesta, pero a costo unitario de medio millar. ¿Qué tipo de artículo es según la matriz de segmentación?

   a) Estratégico.
   b) Rutinario.
   c) Secundario.

12. Dos artículos iguales pueden tener códigos de barras distintos.

   a) Verdadero.
   b) Falso.

13. ¿El inventario de seguridad debe ser mayor al mínimo?

   a) No, porque estaríamos cubriendo errores en el abastecimiento y en el pronóstico de demanda.
   b) Sí, porque así nos protegemos ante cualquier eventualidad.
   c) Sí, porque podríamos tener roturas de *stock*.

14. Respecto a la administración del inventario, ¿cuál es la diferencia entre el VMI y la consignación?

   a) Difiere en quién administra el inventario.
   b) Difiere en el costo de los artículos.
   c) Ninguna de las alternativas es correcta.

15. ¿A qué tipo de artículos se debe aplicar el VMI?

   a) Estratégicos.
   b) Rutinarios.
   c) Nula rotación.

16. ¿Qué aspectos deben considerarse en una operación de VMI tanto para el cliente como para la empresa proveedora?

   a) Nivel de servicio.
   b) Exclusividad y mínimo de compra.
   c) Ambas alternativas son correctas.

17. ¿Qué beneficio contable obtiene el cliente al establecer el VMI?

   a) Reducción de *stock*.
   b) Reducción en el costo de almacenamiento.
   c) Ambas alternativas son correctas.

18. ¿Cuáles son las variables que deben considerarse en el costo de almacenamiento?

    a) Espacio, tiempo y sueldo de personal.
    b) Espacio, costo unitario y tiempo de permanencia.
    c) Sueldo del personal, costos logísticos y tiempo de permanencia.

19. ¿En qué tipo de artículos está permitido tener un nivel de servicio menor al 100 %?

    a) Artículos de mayor importancia.
    b) Artículos de menor importancia.
    c) Artículos expuestos al excedente.

20. Los niveles de inventario son constantes en el tiempo.

    a) Verdadero.
    b) Falso.

21. ¿Qué acciones tomarías para reducir el inventario de seguridad sin afectar al nivel de servicio?

    a) Reducir el margen de error de los pronósticos.
    b) Reducir el tiempo de reposición.
    c) Ambas alternativas son correctas.

22. ¿Qué características tienen los códigos de barras?

    a) Son únicos e irrepetibles.
    b) Son universales, pero no son únicos.
    c) Identifican lote.

23. ¿La exactitud de inventario influye sobre el nivel de servicio?

    a) No, porque igual podemos atender todos los pedidos.
    b) Sí, porque las diferencias de inventario no nos permiten atender todos los pedidos.
    c) No hay relación entre ambos indicadores.

24. ¿Por qué un almacén no puede ser exacto al 100 %?

    a) Errores de sistema.
    b) Errores humanos.
    c) Procesos no estandarizados.
    d) b y c son alternativas correctas.

25. ¿Un almacén con 65 % de ERI tendrá problemas de trazabilidad?

    a) Sí, porque el almacén tiene bastante diferencia de inventarios.
    b) No, porque ambos temas no están relacionados.

26. ¿Por qué los inventarios cíclicos no eliminan las diferencias de inventario?

    a) Porque permiten solo identificar las diferencias.
    b) Se deben trabajar en las causas que generan las diferencias.
    c) Ambas alternativas son correctas.

27. ¿El *postponement* reduce el costo de almacenamiento de la materia prima?

    a) Sí, porque almacenamos producto en proceso.
    b) No, porque mantenemos *stock* de materia prima.
    c) Ninguna de las alternativas es correcta.

28. ¿Cuándo el inventario de seguridad podría ser perjudicial para la operación?

    a) Cuando es mayor al inventario mínimo.
    b) Cuando se asignan a los artículos de nula rotación.
    c) Ambas alternativas son correctas.

29. ¿El valor Z de variabilidad puede ser mayor que la desviación estándar?

    a) Mientras mayor sea el valor Z, mayor será el margen de error.
    b) Sí, puede ser mayor porque no interfiere en el cálculo del inventario de seguridad.
    c) No, porque afecta al punto de pedido.

Véanse las respuestas en la página 231.

También se puede cumplimentar el test de autoevaluación en este enlace QR.

Glosario de términos

cadena de suministro: Integración a través del flujo de información de la empresa con la clientela y las proveedoras.

código de barras: Herramienta de comunicación que facilita la identificación de los artículos.

comportamiento de materiales: Identificación de los patrones de uso de los principales artículos que toda empresa almacena.

costo de almacenamiento: Espacio que ocupa un artículo en un período determinado.

cuello de botella: Cuando la capacidad del proceso es menor que la demanda.

DAM: Determina la variación promedio de los datos.

desviación estándar: Variación máxima respecto a la media.

desviación media absoluta: Determina la variación promedio de los datos.

demanda determinística: La demanda de un artículo en un determinado período se conoce con certeza.

demanda elástica: Es inconstante, varía entre cada período y se ve afectada por los cambios económicos, comerciales y ambientales.

demanda inelástica: Es mucho más predecible, con variabilidad poco significativa. Son, principalmente, artículos de primera necesidad.

demanda probabilística: La demanda está expuesta al riesgo e incertidumbre.

DMA: Véase desviación media absoluta.

efecto látigo: Distorsión de la información en la cadena de suministro.

estacionales: La demanda se incrementa en un período determinado o una temporada del año.

incertidumbre: No se puede determinar y cuantificar el origen, el momento de ocurrencia y los efectos.

indicadores: Métricas que permiten identificar la situación actual y establecer objetivos de mejora en los procesos.

inventario cíclico: Se realiza frecuentemente a una cierta cantidad de artículos.

inventario crítico: De baja rotación, no tan fácil de conseguir, pero que debemos mantener en inventario.

inventario máximo: Minimiza la probabilidad de excedente.

inventario mínimo: Minimiza la probabilidad de roturas de *stock*.

inventario de rastreo: Al cierre de la operación se verifica todo aquel artículo que haya tenido movimiento.

inventario de seguridad: Cantidad adicional por si acaso la demanda sufre un cambio imprevisto o se presentan problemas en el abastecimiento.

logística: Se concentra en tres actividades principales: compras o abastecimiento, almacenamiento y transporte o distribución.

logística inversa: Flujo de devolución que va de derecha a izquierda en la cadena de suministro.

matriz de segmentación: Categoriza los artículos según el grado de importancia.

niveles de inventario: Alertas para minimizar las probabilidades de roturas de *stock* y excedentes.

nivel de servicio: Capacidad de respuesta referida a las cantidades.

postponement **(aplazamiento):** Almacenar productos en proceso para evitar la inmovilización de productos terminados.

punto de pedido: Nivel de inventario que cubre el tiempo de reposición y el nivel adicional de seguridad.

radiofrecuencia: Identificación de datos por radiofrecuencia, una herramienta que facilita la comunicación y gestión.

reposición programada: Se realiza en una fecha determinada a los artículos poco importantes.

reposición no programada: No se establece una fecha; depende del punto de pedido.

riesgo: Se conocen las probabilidades de ocurrencia, se administra y extrapola a escenarios futuros.

señal de rastreo: Variación de cada pronóstico sobre la desviación media absoluta del pronóstico.

tiempo de espera *(lead time):* Tiempo que toma atender un requerimiento.

tránsito: Artículos que no están disponibles porque se encuentran en el transporte o pendientes de verificación.

trazabilidad: Permite identificar el origen del artículo y sus componentes.

VMI (de *vendor managed inventory):* La empresa proveedora administra el inventario tanto en físico como en el sistema.

Bibliografía

Anaya J. *Almacenes, análisis, diseño y organización.* Madrid: ESIC Editorial, 2007.

Ferrin A. *Gestión de stocks en logística de almacenes.* Madrid: FC Editorial, 2007.

Hetherington D. The art of inventory. *Book Business* 2010; 13 (6): 27-8.

Lee H.L. Hacia una cadena de suministros de alto rendimiento. *Harvard Business Review* 2005; 132: 30-42.

López Fernández R. Los costos logísticos. En: *Logística comercial.* Madrid: Ed. Paraninfo, 2010.

Meindl P., Chopra S. Administración de la incertidumbre en una cadena de suministro: inventario de seguridad. En: *Administración de la cadena de suministro.* México: Pearson Educación, 2008; pp. 304-45.

Nasiri G.R., Davoudpour H., Karimi B. (2010). The impact of integrated analysis on supply chain management: A coordinated approach for inventory control policy. *Supply Chain Management* 2010; 15 (4): 277-89.

Wang P., Zinn W., Croxton K.L. (2010). Sizing inventory when lead time and demand are correlated. *Production and Operations Management* 2010; 19 (4): 480-4.

Soluciones a los cuestionarios

Autoevaluación capítulo 1

1a   2a   3b   4a   5b   6a   7b   8a   9b.

Autoevaluación capítulo 2

1c   2b   3c   4a   5c   6b   7a   8a   9c
10b   11a   12d.

Autoevaluación capítulo 3

1a   2b   3a   4b   5c   6b   7d   8b   9b
10b   11c   12a   13a   14a   15a   16c   17c   18b
19b   20b   21c   22a   23b   24d   25a   26c   27a
28c   29a.

Respuestas del caso 3.3

1e   2b-a-c-e-d   3a   4b   5a.

Cómo desarrollar la carga aérea en aeropuertos
Javier Arán Iglesia

Técnicas logísticas para innovar planificar y gestionar. Aurum 1
Luis Carlos Hernández Barrueco

Manual del transporte de mercancías por carretera
José Manuel Ruiz Rodríguez

Almacenes y centros de distribución Manual para optimizar procesos y operaciones
Diego Luis Saldarriaga Restrepo

Técnicas para ahorrar costos logísticos. Aurum 2
Luis Carlos Hernández Barrueco

Centros logísticos
Ignasi Ragàs

Normativa de estiba en carretera. Claves, soluciones y modelos para estibar y trincar cargas
Eva María Hernández Ramos

Manual del transporte en contenedor
Jaime Rodrigo de Larrucea

Soluciones logísticas
Francisco Álvarez Ochoa

**Manual de gestión
de almacenes**
Sergi Flamarique

**Micrologística:
cómo optimizar los
procesos logísticos internos**
Rodolfo Enrique Silvera Escudero

**Cadena de suministro.
Principios, máximas y
recomendaciones**
Luis Aníbal Mora García

**Lean Energy 4.0.
Guía de Implementación**
Luis Socconini, Juan Pablo Martín

**Manual del transporte
de mercancías**
Jaime Mira, David Soler

**Estiba y trincaje de
las mercancías en
contenedor**
Francisco Fernández Sasiaín

**Manual del comercio
electrónico**
*Eva María Hernández Ramos,
Luis Carlos Hernández Barrueco*

**Transporte marítimo
de mercancías.
Los elementos clave,
los contratos y los seguros**
Rosa Romero, Alfons Esteve

**Manual de gestión
aduanera. Normativas y
procedimientos clave del
comercio internacional**
Pedro Coll

València, 558 – 08026 Barcelona – Tel. +34-931 429 486 – marge@margebooks.com – www.margebooks.com